Y CROIRE POUR SOI

ISBN : 978-2-7029-2051-0

www.editions-tredaniel.com
info@guytredaniel.fr
www.facebook.com/editions.tredaniel
@editions_guy_tredaniel

Frank Lebœuf

Y CROIRE POUR SOI

Une histoire de force
et de confiance

LE COURRIER
DU LIVRE

27, rue des Grands-Augustins
75006 Paris

SOMMAIRE

PRÉAMBULE

C'était il y a une poignée d'années. Je participais à une émission télévisée et, au moment des publicités, discutant avec l'animateur, je lui avais raconté mes lectures : Ken Follet, Stephen King... Il avait été interrompu par un coup de fil et, sur un ton rigolard, avait lancé à son interlocuteur : « Tu ne vas pas le croire mais je suis en train de parler livres avec Frank Lebœuf. » J'ai eu du mépris pour lui. Quand il avait raccroché, je lui avais rétorqué, sur le ton de l'humour : « Je pourrais mal le prendre... » Il n'avait pas compris.

Parce que je suis un footballeur, je suis donc étiqueté « idiot ». Ce cliché, comme d'ailleurs tous les clichés, m'agace prodigieusement. Il révèle une faille de notre société, pétrie dans les préjugés qui ont envahi tous les recoins de nos esprits. Des préjugés à l'égard des autres, et bien souvent à l'égard de nous-mêmes. Et si nous regardions, de temps en temps, au-delà de la surface ?

En 1998, avec l'équipe de France, je suis devenu champion du monde. Mais je n'étais pas programmé pour cela. Pas plus que pour tous les trophées que j'ai remportés durant ma carrière. En fait, si j'avais écouté mes premiers instructeurs, je serais, dans le meilleur des cas, resté en équipe amateur. Ou bien, c'est ce qu'ils me conseillaient, j'aurais choisi un autre métier qu'ils estimaient plus à ma portée.

Mon chemin n'a pas été pavé de roses. Je me suis battu, mais j'ai réussi parce que j'y ai cru. Parce que je croyais en moi. C'est le fruit de cette expérience que je souhaite te transmettre aujourd'hui. Pour t'apprendre, toi aussi, à croire en toi face à un futur qui te semble incertain. J'estime qu'il en va de ma responsabilité.

Je vais te parler comme à un ami, comme à un frère. Ce que je vais te dire, je ne l'ai pas appris dans les livres, mais dans ma chair, dans ma vie. Ce que tu vas lire vient de mon cœur, de mes tripes. Je vais te parler en toute franchise et sans doute parfois te vexer. Si je suis dur avec toi, ne m'en veux pas : je suis dur avec moi-même aussi. Je vais parfois m'énerver, et pour cause : ce que j'ai réalisé, tu es capable de le réaliser à ton tour. Pourquoi ne sautes-tu pas le pas ? Te voir ne pas aller au bout de ton rêve me donne la rage. Arrête de te poser des questions et vas-y ! Je te donne les clés.

J'ai dépassé le cap des 50 ans. Tu as mon âge, tu es peut-être plus jeune, plus âgé. Je ne voudrais pas que tu te retournes un jour sur ta vie et que tu ne voies qu'un amoncellement de regrets et de « j'aurais dû ». Accepte l'échec mais ne te résigne pas, il n'est jamais trop tard. Avance ! Tu peux toujours redémarrer, t'envoler, commencer enfin à vivre.

C'est un message d'espoir que je te confie.

Agis !

1
Pourquoi te réveiller chaque matin ?

Autour de moi, autour de toi, beaucoup regrettent de ne pas avoir la vie dont ils rêvaient. Ils ne se plaignent pas forcément, mais ils s'ennuient. Leur environnement, leur boulot, le rythme des journées, des semaines, des mois : ils ne sont pas emballés, ils ne vivent pas, ils vivotent. On est si bien sous la couette ! Alors, pourquoi se lever le matin ?

Il y a des jours où l'on se pose tous cette question, et moi aussi. Mais inquiète-toi si elle est là, chaque matin, dans ton esprit. Dans ce cas, je vais te poser une autre question : es-tu heureux ? Pour le savoir, c'est très simple : cherche si, ce matin, tu as une bonne raison de sortir de ton lit. Non ? Alors, il est très probable que, pour toi, ça ne va pas. Il te manque le ressort de la motivation, ce que le psychologue américain Edgar Schein appelle « l'ancre de carrière », qui seul peut réveiller tes forces intérieures et qui s'incarne dans un projet : des études, un job, un engagement, un challenge.

Tu vas commencer par te rassurer : tu n'es pas le seul dans ce cas. On compte 63 % des Français qui confessent s'ennuyer au travail… mais, dans leur écrasante majorité (90 % !), ils le cachent ou font même semblant d'avoir un job de rêve qui donne envie à tous leurs amis[1]. Le problème est que cet ennui se répercute sur l'ensemble de leur vie.

Toutes les études le confirment : il faut une bonne raison pour entamer sa journée avec un minimum d'entrain. J'ai mis du temps à comprendre ce principe même si, sans le savoir, je l'ai (presque) toujours pratiqué. À 4 ans, je sortais de mon lit pour m'entraîner à être comédien. Maman me laissait parfois regarder avec elle, à la télévision, « Au théâtre ce soir », et je rêvais de monter moi aussi sur scène pour raconter des histoires drôles.

Mais il n'y avait pas de cours de théâtre à La Cadière-d'Azur, le village où nous habitions. Alors j'ai eu une autre idée : devenir vétérinaire. J'adorais les animaux, les chats, les chiens, les dauphins et même les oiseaux, mais il y avait un problème : je ne supportais pas de les voir souffrir, et je supportais encore moins la vue du sang. Je pense que je n'avais jamais été réellement habité par ce métier, j'ai fini par abandonner l'idée. Je ne me réveillais pas le matin en bondissant de joie à la seule perspective de soigner un jour les animaux.

Il faut une bonne raison pour entamer sa journée avec un minimum d'entrain.

Surtout que j'avais désormais un autre aiguillon pour me réveiller : l'after après l'école, avec les copains. Nous avions décidé de devenir champions de tennis. Nous n'avions pas de stade, nous n'avions pas de raquettes,

1. Sondage QAPA réalisé auprès de cadres et de non-cadres en février 2019.

mais nous avions découvert un parking désert (et un peu pentu) où, avec des craies volées à l'école, nous dessinions un terrain et jouions avec nos mains. Quand il faisait beau, on s'essayait au football dans un champ de blé voisin. Nous avions massacré le blé dans le périmètre de «notre terrain», mais nous ne touchions à rien d'autre. Et surtout pas au reste du champ. Le paysan qui cultivait ce blé nous voyait heureux et il s'amusait de notre «stade». Il ne nous a jamais engueulés, il lui restait bien assez de blé à cultiver.

Puis papa a créé un club de football pour les jeunes, à Saint-Cyr-sur-Mer. Là, je n'avais pas le choix: je devais y aller tous les mercredis avec mon frère. Le foot c'était génial, des copains, des buts, on se défoulait et j'étais plutôt bon. Papa était notre entraîneur. Les jeunes l'adoraient, ils l'appelaient Dédé, mais il exigeait d'être vouvoyé. Moi, j'étais embarrassé. Je ne savais pas s'il fallait dire papa ou André ou Dédé, vous ou tu, donc j'évitais de lui parler. Ce n'est pas évident de s'entraîner avec son père! Nous avions une super-équipe, nous ne perdions pas beaucoup de matchs, mais quand on en perdait un, on en prenait plein la gueule pendant tout le week-end, avec les commentaires de nos actions, de ce qu'il fallait faire, de ce qu'il ne fallait pas faire. J'enviais mes copains qui, eux, ne rentraient pas à la maison avec leur entraîneur! Mais je peux dire maintenant que mon père a planté en moi la graine de futur champion du monde de football. Aurais-je suivi cette voie si ce club n'avait pas existé? Je l'ignore.

Ce n'est cependant pas sur un terrain, mais devant une télévision que le football s'est révélé à moi comme un avenir possible. C'était en juillet 1982. J'étais en Allemagne avec ma classe: Saint-Cyr-sur-Mer est jumelée avec Denzlingen et nous avions eu le privilège d'aller chez nos voisins de l'Est pour parfaire notre connaissance de leur langue. C'est là que j'ai vécu la fameuse demi-finale entre la France et l'Allemagne pour la Coupe du monde de football qui se déroulait en Espagne. J'en ai encore des frissons. J'étais persuadé que nous allions gagner, et j'ai vu notre équipe se faire défoncer – Patrick Battiston en a perdu des dents et la conscience.

Au fond de mon cœur, l'instinct du footballeur vengeur s'est réveillé. J'ai su que, quoiqu'il m'en coûte, je deviendrai footballeur professionnel. Et je le suis devenu... des années plus tard. Pour la petite histoire, j'ai réussi, tout au long de ma carrière, à ne jamais perdre contre une équipe allemande, ni en équipe de France, ni avec Chelsea – nous avions même gagné la finale de la Coupe d'Europe contre Stuttgart. Eh oui, il ne fallait pas faire mal à mes héros !

Dès lors, le football est devenu pour moi bien plus qu'une lubie : un objectif, une passion. J'entamais chaque journée en sachant qu'elle me permettrait d'avancer, ne serait-ce que d'un petit pas, sur ma voie, vers mon rêve. On ne peut se lever le matin que pour une passion. Pour faire ce qu'on a vraiment envie de faire. Sinon, on ne se lève pas, on se traîne – et tu te traîneras toute la journée en attendant qu'elle se passe...

Nous avons tous une envie au fond de nous. Attention ! Glander, « passer le temps » ne sont pas des passions ; ce sont des signaux d'alerte. Si tu les entends, c'est que tu dois réagir. Tu as toujours le droit de dire : « Stop ! Ce n'est pas ce que je veux. » Il y a toujours moyen de faire autre chose. Comme quoi ? Toi seul peux le définir. Ce n'est pas facile, j'en ai conscience. C'est même parfois très dur ! Tu vas douter, tu vas peut-être essayer de te persuader que la vie que tu as est le chemin qui t'a été tracé, tu vas hésiter. Ces hésitations-là sont ton pire ennemi : aucun chemin n'est tracé d'avance, c'est toi qui le dessines en l'empruntant.

Je vais t'apprendre à avancer, mais tu vas coopérer : rien ne te sera donné si tu ne te prends pas en main pour semer les bonnes graines que tu récolteras par la suite. Au fil de notre chemin, tu vas réfléchir en toute sincérité, reconnaître tes capacités, identifier tes faiblesses, trouver tes objectifs. Je sais que tu as l'infini désir d'y arriver, je vais t'accompagner et te guider ; tu vas y arriver. Je n'avais pas plus d'atouts que toi.

Je vais simplement te demander d'oser : si tu ne tentes rien, pourquoi voudrais-tu que ça bouge ? Suis-moi, ne te pose pas la question de savoir si c'est possible, ton but est que ça devienne possible. Goethe, le poète et homme d'État allemand, avait dit, il y a deux cents ans, une phrase que tu dois désormais retenir : « J'aime celui qui rêve de l'impossible. »

Tu dois être fort parce que tu vas essayer de vivre pleinement. Tu connaîtras des moments difficiles, mais ne doute jamais : il y aura toujours quelqu'un qui te tendra la main, quelque chose qui se déclenchera. À condition que tu le veuilles, bien sûr. Pour cela, tu dois sauter le pas. Sinon, attends. Et là, tu as une certitude : rien ne viendra. Je te le promets…

À toi de jouer !

- Tu as, au fond de toi, une passion, une envie très forte. Dépasse tes doutes et ose te l'avouer !
- Tu vas la réaliser. Ne te demande pas si c'est possible, mais comment cela va devenir possible.
- Chaque matin, en ouvrant les yeux, rappelle-toi que quelque chose t'attend et qu'il est le ressort de ta motivation.

2
Le pain noir et le pain blanc

Le chemin sur lequel je vais te conduire n'est pas pavé de roses. Tu risques même d'y trouver de sacrés paquets d'épines. Je vais te le dire d'une autre manière, aussi directe qu'un tir au but : est-ce que tu es prêt à souffrir ? C'est d'ailleurs le titre que j'avais envisagé pour ce livre avant d'en être dissuadé par tout le monde pour ne pas te faire peur. Néanmoins, autant le savoir tout de suite : si tu n'es pas prêt à te réveiller et à agir, rien, pour toi, ne peut aller en s'améliorant. Tu n'auras ni le beurre, ni l'argent du beurre, ni le sourire de la crémière.

Tu n'es pas obligé de souffrir. Si ta vie te convient, arrête-toi ici. Par contre, si tu en veux plus, suis-moi. Tu verras qu'il existe toujours des possibles autour de toi, même quand tu as l'impression de ne pas les voir. Ils t'attendent pour que tu les transformes en réalités bien concrètes – ils ne se transformeront pas tout seuls, de la même manière qu'une graine en terre ne pousse pas toute seule : elle a besoin de l'eau, du soleil, des nutriments de la terre. Sinon, elle dépérit, se dessèche et meurt.

Tu te plains, mais tu vas cesser de te plaindre : la plainte est contre-productive. Et nous allons commencer par la base : ne jamais oublier que le pain noir fait partie de la vie, aussi bien que le pain blanc. Ce qui est d'ailleurs une bonne chose : tu ne peux pas quantifier le bonheur si tu n'as pas eu ta part de malheur. Le pain noir est celui que mangeaient les paysans d'autrefois parce qu'ils n'avaient pas les moyens de s'acheter de la farine blanche, plus raffinée. Il n'a rien à voir avec le pain complet d'aujourd'hui ! Le pain blanc était réservé aux nantis, ou alors aux jours de fête. Manger son pain noir, c'est être au fond du trou…

Tu ne peux pas quantifier le bonheur si tu n'as pas eu ta part de malheur.

Je devine ton premier argument : les héritiers et les héritières qui se pavanent dans leurs grosses bagnoles et qui te donnent l'impression de n'avoir que du pain blanc. D'abord, c'est faux : le pain noir, tout le monde en a une ration plus ou moins importante. Et à supposer que tu n'aies pas ta ration, tu passerais à côté d'un élément essentiel du bonheur : la fierté de t'être battu et d'avoir triomphé. Car le pain noir est bon pour la santé. Il est peut-être moins moelleux que le pain blanc, moins tendre, mais le son et les germes qu'il a conservés puisqu'il n'est pas raffiné le rendent infiniment plus riche en nutriments : c'est lui qui te fait tenir dans la durée.

Bien sûr, ta vie est sans doute plus difficile que celle des riches héritiers, mais toi, tu as le pouvoir de ne pas rester prisonnier de cette vie telle qu'elle est. Tu as la chance d'être libre de te saisir du bon moment, et c'est toujours le bon moment : pour effectuer un virage, pour sauter sur une opportunité, pour quitter son job, quitter sa ville, pour partir à l'étranger s'il le faut, c'est-à-dire pour vivre pleinement la vie qui t'attend. Oui, il faut un peu de courage pour sortir de son train-train, mais tu en as. Nous en avons tous, il suffit de l'aider à se révéler !

Je vais te raconter mon histoire. Tu verras que j'ai eu, moi aussi, ma part de pain noir. Et même une belle part : je ne suis pas né champion du monde.

À 14 ans, lors de mon séjour en Allemagne, j'ai donc décidé que je deviendrais un footballeur professionnel. Cette idée ne m'a plus jamais lâché et j'ai tout fait pour qu'elle devienne une réalité. C'était une idée fixe et c'est pour elle que je me levais le matin ! À force de persévérance, j'ai été admis, à 16 ans, au centre de formation du Sporting Club de Toulon. J'ai signé un contrat de deux ans et je suis ainsi devenu « aspirant » – les étapes suivantes pour un sportif sont « stagiaire », puis « professionnel ».

J'ai cessé d'aller au lycée : je tenais à suivre le programme complet du centre plutôt que le programme aménagé. Je n'allais pas pour autant lâcher mes études auxquelles tenaient mes parents, nous sommes donc parvenus à un compromis : je me suis inscrit au CNED pour des cours par correspondance. J'étais en classe de première et je préparais le bac G3, un baccalauréat technologique spécialisé en techniques commerciales. À la fin de l'année, je ne m'en suis pas trop mal sorti pour mon bac français, avec un 10 à l'écrit et un 8 à l'oral – j'en veux quand même à l'examinateur qui m'avait promis un 12 à l'oral et m'avait félicité avant de décider de me punir pour, sans doute, n'avoir pas suivi un cursus « normal ». Faux derche !

Les choses moins rigolotes ont commencé à la rentrée scolaire suivante. Je comptais obtenir mon bac, mais le directeur du centre de formation m'a demandé d'arrêter les études qui me dispersaient et de m'inscrire plutôt à un CAP des métiers du football. J'ai obéi puisque mon objectif était, pour moi, évident : devenir footballeur.

Quelques semaines plus tard, j'ai été convoqué par le surveillant général. Nous avions été déplacés sur une base militaire, le temps que les travaux entrepris au centre de formation s'achèvent. Je l'entends encore hurler : « Demain, tu fais tes valises et tu dégages ! » Je suis resté sans voix. J'ai mis quelques minutes à comprendre, tant il criait dans tous les sens : il m'accusait d'avoir dragué la femme d'un officier en place, ce qui était totalement faux. Je me suis défendu et, quand il a réalisé qu'il se trompait de coupable, il n'a même pas pris la peine de s'excuser. Je suis resté.

Au printemps, il y a eu un incident encore plus désagréable. Mon père était passé voir l'entraîneur pour lui demander si tout se passait bien avec moi. L'entraîneur l'avait rassuré mais, après le départ de mon père, croisant un autre joueur, il lui avait lancé avec une extrême vulgarité : « Putain ! Le père de Lebœuf est venu me lécher le cul. »

Sur le coup, j'ai fait le dos rond, comme si ses propos ne m'avaient jamais été rapportés. Je savais qu'il y avait des gens qui ne m'aimaient pas, et je tenais à poursuivre cette formation que je voyais comme la seule clé de mon avenir. J'ai eu l'occasion de réagir très longtemps après. Vingt ans plus tard. Les hiérarchies s'étaient inversées. Le gars était entraîneur au centre de formation de l'Olympique de Marseille, j'étais le capitaine de l'équipe première. Il y avait du monde autour de nous, ce jour-là. Je l'ai bien regardé et je lui ai juste demandé : « Alors, tu détruis toujours l'avenir des jeunes ? » Il ne m'a pas répondu. Bien que très tardive, cette petite vengeance m'a fait du bien : c'était la réparation d'une injustice.

Au centre de formation, il me restait tout de même la plus belle part de pain noir à déguster. Le 6 juin 1985, je me souviens encore de la date, j'ai été convoqué avec les onze aspirants de ma promotion: nous étions tous virés, un mois avant l'échéance de notre contrat. Le directeur du centre nous a expliqué qu'il n'avait pas de places pour de nouveaux stagiaires, et nous ne pouvions plus rester aspirants. Je pense qu'en réalité il ne nous considérait pas indispensables, sinon il nous aurait gardés. Bref, nous n'étions pas jugés assez bons pour avoir un avenir dans le football.

Pourtant, je pensais que j'avais bien travaillé pendant ces deux années. J'ai eu d'autant plus de mal à encaisser le choc. D'un coup, à 18 ans, par la décision d'un individu qui ne m'appréciait pas, je me trouvais sans rien, pas même le CAP des métiers du football puisque je ne l'ai jamais passé: il ne m'intéressait pas. Ce jour-là, en sortant pour la dernière fois de ce centre dans lequel j'avais placé tous mes espoirs, j'ai ressenti un immense vide. J'étais au fond de l'abîme, bien lesté de pain noir, sans aucun morceau de pain blanc à l'horizon.

Cependant, malgré cet échec retentissant, malgré ces gens qui ne croyaient absolument pas en moi, qui avaient claqué la porte sur mon avenir, l'idée d'abandonner ne m'a pas effleuré: je continuais de croire en moi et en mon rêve. Peut-être que, malgré mon total désarroi, je n'avais pas pleinement conscience de la situation dans laquelle je me trouvais?

C'est avec mon rêve que je me suis inscrit au chômage – la seule solution qui s'ouvrait à moi dans l'immédiat. Il n'y avait pas encore Internet et, chaque mois, je me rendais à la convocation des agents de ce que l'on appelait alors les Assedic et qui est devenu Pôle Emploi. Et, à chaque convocation, j'expliquais à un fonctionnaire interloqué que je voulais être footballeur professionnel et qu'il fallait me trouver un club. Ils n'avaient pas cela en stock – et je suppose qu'ils devaient enrager contre ce gamin qui vivait encore son rêve…

J'aurais pu, «en attendant»: accepter ce que, alors, les Assedic avaient en stock pour un jeune homme de 18 ans sans le bac; retourner chez mes parents et reprendre mes études mais je ne voyais sincèrement pas quoi étudier; me trouver un petit boulot quelconque et y végéter.

J'aurais pu, mais je ne l'ai pas fait: je ne voulais surtout pas rentrer dans une nouvelle routine qui m'aurait donné l'illusion d'un pain blanc mais qui, en réalité, m'aurait fait manger du pain noir jusqu'à la fin de mes jours. J'étais prêt à continuer à consommer ce pain noir – provisoirement.

À toi de jouer !

- Le pain noir fait partie de la vie, le pain blanc aussi. C'est à toi de décider lequel sera à ton menu.
- C'est une décision qui se construit sur le long terme. Elle implique souvent de se contenter d'abord de pain noir, mais momentanément.
- Tu en as assez du pain noir ? Ose bousculer ta routine… et ne pas te jeter à corps perdu dans une autre routine dont tu sais qu'elle ne te convient pas.

3

Comment reconnaître une lumière au bout du tunnel ?

Je ne faisais que commencer à manger mon pain noir, mais je ne le savais heureusement pas.

Peu après mon renvoi du centre de formation, j'ai été contacté par un petit club amateur qui cherchait de nouvelles recrues. Certes, ce n'était pas le niveau que j'ambitionnais, ce n'était pas non plus le même exercice, mais c'était un petit pas dans la direction que je m'étais fixée. C'est ainsi que je me suis retrouvé à Hyères.

Le club me versait un tout petit salaire et me donnait l'opportunité de me « forger un avenir ». Nous n'avions pas la même vision de ce que serait cet avenir. J'étais demandeur d'un job pour boucler mes fins de mois, je me suis retrouvé en formation pour devenir chef de chantier dans l'entreprise de BTP du président du club. C'est un changement complet de cap qui m'était proposé, reléguant le football au rang de loisir. Or, pour moi, le football était tout sauf de l'amateurisme.

Si tu passes devant le marché floral entre Solliès et Hyères, dans le Var, regarde le bâtiment sur ta gauche et pense à moi : c'est là que, botté, casqué, j'ai participé à ma première et unique construction de bâtiment en montant des agglomérés… pendant une journée. Une seule journée. Je n'ai rien contre le métier de chef de chantier, mais il ne me correspond pas. Peut-être que je me serais lancé dans l'aventure si l'on m'avait proposé une formation de garde forestier ? Je ne le sais pas. Je n'avais pas un rond, certes, mais j'avais encore mon rêve.

Je n'avais pas un rond, certes, mais j'avais encore mon rêve.

Le lendemain, à la première heure, j'avais tapé à la porte du président du club et je lui avais poliment expliqué que cette expérience était intéressante, mais que mon ambition était ailleurs. Je ne voulais pas m'enliser dans une routine qui ne me satisfaisait pas : elle n'était pas la petite lumière que j'apercevais au bout du tunnel et à laquelle j'avais choisi de consacrer mon énergie. Je n'avais même pas demandé quel était le salaire d'un chef de chantier. L'argent était certes un problème pour moi, mais le seul vrai problème qui me travaillait était de me préparer une vie.

Il y a toujours une question que tu dois te poser : qu'est-ce que je veux faire de ma vie ?

J'ai rendu mes bottes et mon casque. Le président du club n'avait rien d'autre à me proposer pour m'assurer un salaire d'appoint. Alors, je me suis débrouillé avec le peu que j'avais. Tous les soirs, je m'entraînais au club. Pendant la journée, je ne glandais pas vraiment : je me reposais pour être au mieux de ma forme le soir et jouer les meilleurs matchs possible, même si je n'étais que dans un club amateur. J'étais très sage à 18 ans : je n'allais pas en boîte, je ne faisais pas la fête, je voyais de temps en temps ma copine, qui allait devenir mon épouse, quand elle n'avait pas école. Je n'avais pas les moyens de m'offrir autre chose.

Mais cette vie-là n'était pas ma vie. N'ayant rien d'autre pour m'occuper durant mes journées à part réfléchir, je me suis convaincu qu'il devait bien y avoir un moyen de modifier le cours des événements, c'est-à-dire celui de ma vie. J'ai surtout pris conscience que c'était à moi de prendre l'initiative de bien identifier la lumière qui clignotait au bout du tunnel et de remonter ce tunnel jusqu'à elle.

J'ai surtout pris conscience que c'était à moi de prendre l'initiative de bien identifier la lumière qui clignotait au bout du tunnel et de remonter ce tunnel jusqu'à elle.

J'ai travaillé, je me suis donné sur le terrain… et j'ai tenté une méthode à laquelle personne ne croyait : une petite annonce. Je l'ai rédigée et j'ai payé pour la publier dans un magazine spécialisé, *France Football*. Il me fallait trouver un autre club qui, cette fois, ne serait plus amateur mais professionnel.

C'était une bouteille à la mer, mais quelqu'un l'a repêchée : le club de Meaux, qui me proposait un essai. Je me suis rendu au rendez-vous ; sur le terrain, j'ai été à fond ! Je ne comptais absolument pas laisser passer cette occasion. Le club m'a tout de suite offert la chance de jouer en troisième division. Et c'est ainsi qu'à l'hiver 1986, j'ai posé mes bagages à 800 kilomètres de chez mes parents. Je me souviens très bien de ce jour-là. La ville, le club, la pelouse étaient recouverts de neige. Je savais que j'allais galérer. Mais j'étais tellement heureux ! Cette galère-là, c'est moi qui l'avais choisie. Elle était un joli pas de plus sur mon chemin.

Ma nouvelle vie a commencé. Tous les soirs, je m'entraînais. C'est là que je travaillais. Le matin, je me levais tôt pour prendre des rendez-vous avec des responsables de toutes sortes de clubs, non pas pour jouer chez eux, mais pour leur vendre des vêtements de sport. C'était mon nouveau job. Il ne me plaisait pas, je n'étais d'ailleurs pas un bon vendeur, mais je l'avais accepté parce qu'il n'était pas fait pour durer. Il n'était destiné, nous le savions tous, qu'à m'aider à remonter, dans des conditions légèrement améliorées, un bout du tunnel.

Le club de Meaux avait Guy Drut pour président d'honneur. C'était un bon club et Ange Anziani, notre entraîneur, était très présent à nos côtés. J'avais commencé milieu de terrain avant qu'il me déplace au poste de défenseur – dans lequel j'ai mené tout le reste de ma carrière. J'avais été vexé de sa décision et je me rappelle ce qu'il m'avait dit: «Tu ne veux pas jouer derrière, mais moi, j'ai l'impression que c'est un poste pour toi.» Je ne l'avais cru qu'à moitié, pourtant il avait raison.

Ce poste, je l'ai très vite embrassé. Je l'adore parce que c'est un poste de leadership: tu as une vue d'ensemble du terrain. Et puis, je l'ai accommodé à ma sauce: tout en me donnant à fond dans la défense, j'ai continué quand même à attaquer et à marquer. La première année, nous avions fini deuxième meilleure défense du championnat et j'exultais!

Même si, en dehors du terrain, c'était plus compliqué, je restais le plus heureux des hommes. Ma fiancée m'avait rejoint au bout de quelques mois et elle s'était inscrite en terminale dans un lycée de Meaux. Nous habitions une cité, dans un petit appartement payé par le club. Le mur entre la chambre et la salle à manger était défoncé, nos fins et même nos milieux de mois étaient compliqués, mais je jouais au foot, ma copine était avec moi, et mon patron, monsieur Randazzo, un Italien bon vivant, ne me mettait pas la pression quand mes ventes déclinaient. Et il fermait même les yeux quand je jouais au foot avec son fils au milieu des ateliers de confection.

Alors, qu'importe si nous n'avions pas les moyens d'aller au restaurant, si tous les lundis, nous avions au menu les restes de la pizza du dimanche soir, et si nous n'allions à Paris que le dimanche, parce que la plupart des magasins étaient fermés, ce qui nous évitait les tentations. Je me souviens de notre budget hebdomadaire pour manger : 100 francs – l'euro n'existait pas encore. Je me souviens aussi de ma honte quand, devant les autres clients qui faisaient la queue, mon banquier m'avait admonesté : « Monsieur Lebœuf, vous avez 50 francs de découvert. »

J'encaissais parce que je savais que ce n'était pas ma vie, mais une étape que je traversais et qui avait certainement son utilité dans mon parcours. J'apprenais la vraie vie. Et la vraie vie est faite de moments où tu souffres : ils font partie du processus pour, ensuite, apprécier la vie. Sans eux, tu n'aurais pas de curseur pour goûter les bons moments.

J'aurais pu avoir l'occasion, dès la fin de ma première année à Meaux, de sortir de la galère des problèmes d'argent. Mais j'avais délibérément tourné le dos à ce que d'autres auraient appelé une chance.

Je continuais en effet à chercher d'autres clubs qui seraient

La vraie vie est faite de moments où tu souffres : ils font partie du processus pour, ensuite, apprécier la vie. Sans eux, tu n'aurais pas de curseur pour goûter les bons moments.

des jalons supplémentaires dans ma carrière. Le Stade de Reims m'avait contacté pour un essai et m'avait tout de suite proposé un poste où j'étais payé cinq fois plus qu'à Meaux. J'avais immédiatement refusé… leur condition. À savoir un retour dans un centre de formation. J'avais 19 ans, je n'étais pas prêt à retourner à l'école, je voulais désormais m'entraîner avec les professionnels et je savais que j'en avais toutes les facultés. Ce n'était pas de l'orgueil ni de la prétention : je sais jauger, en toute objectivité, mes qualités comme mes défauts.

Cet épisode m'avait valu une brouille d'un mois avec mon père. Il ne comprenait pas ma décision, il ne voyait pas pourquoi j'étais prêt à continuer à souffrir, à me priver, il voyait mon avenir à Reims. Pour moi, ma décision était une évidence. Je ne m'étais pas contenté de ce qu'on m'offrait à Hyères, je n'envisageais pas de me contenter de ma vie au club de Meaux où, c'est vrai, j'aurais pu passer encore dix ou quinze ans. Je pouvais aspirer à mieux. L'étape suivante devrait être une vraie marche supplémentaire que je grimperais.

Au centre de formation de Toulon, à Hyères, à Meaux, j'ai grandi : parce que je devais prendre des décisions qui m'engageaient pour la suite de ma vie, parce que je recevais des claques, parce que j'apprenais à tracer ma voie. Et parce que je réussissais à dire non quand je n'étais pas entièrement convaincu par le oui. Je m'accrochais à la petite lumière dont, peu à peu, je sentais que je me rapprochais.

Je peux te garantir qu'au bout de chaque tunnel, il y a une petite lumière. Mais, pour la voir, tu dois d'abord t'engager

> Je peux te garantir qu'au bout de chaque tunnel, il y a une petite lumière. Mais, pour la voir, tu dois d'abord t'engager dans le tunnel que tu auras identifié. Tu dois croire en toi.

dans le tunnel que tu auras identifié. Tu dois croire en toi. Tu dois être certain que le pain blanc existe et que tu as ta part au festin. Tu dois être persuadé qu'il y a une autre vie pour toi. Et il y a une autre vie pour chacun d'entre nous.

Accepte les revers comme tu acceptes les bonheurs : ils font partie de ton expérience. En me virant du centre de formation, on sous-entendait que je ne serais jamais un bon footballeur. À mon avis, ceux qui avaient pris cette décision s'étaient trompés sur toute la ligne. J'étais peut-être le seul à y croire, mais j'y croyais ferme. Effectivement, je suis devenu champion du monde.

À toi de jouer !

- Ne te laisse pas détourner du sillon que tu t'es tracé et auquel tu crois. On n'y arrive pas, non pas parce qu'on ne peut pas, mais parce qu'on ne continue pas le chemin jusqu'au bout.
- Il y a une lumière au bout de ton tunnel. Pour la voir et te rapprocher d'elle, tu dois croire en toi.
- Ne te contente pas du peu qui t'est proposé dans l'immédiat. Regarde plus loin, vois plus grand.

4
La chance

Pour arriver tout là-haut, il faut un bol terrible. Un cul d'enfer. C'est vrai, mais cela ne suffit pas. Il faut aussi de l'opiniâtreté. La chance ne sourit qu'aux audacieux : si tu ne fais rien, t'inquiète, rien ne se passera. Pour ma part, j'ai œuvré, un pas après l'autre, pour que la chance vienne de mon côté. Et j'ai opéré les bons choix. Par chance ? Je n'ai pas la réponse.

J'ai passé un an et demi à Meaux. J'étais pleinement dévoué à mon club, mais en même temps, mon regard était rivé sur l'étape d'après. Mon patron, monsieur Randazzo, le propriétaire de l'atelier de confection de vêtements de sport qui avait continué à m'employer même si je n'étais pas un excellent vendeur, croyait en moi. Il me poussait à me bouger, à trouver un moyen de partir, d'aller plus loin. Au hasard de l'une de nos conversations, il m'avait glissé l'idée de tourner une vidéo de mes performances et de l'envoyer à des clubs. Son conseil n'était pas tombé dans l'oreille d'un sourd ! Nous étions en 1987 et, à l'époque, connaître quelqu'un qui possédait un caméscope relevait certes du miracle. Mais il en fallait bien plus pour me rebuter…

Je me suis mis en quête de cette personne : ce n'est pas compliqué, il suffit de poser la question et d'être prêt à recevoir un, dix, cinquante « non » mais de persévérer. Quand on insiste, la providence finit toujours par s'en mêler. Ça marche à tous les coups.

Dans mon cas, la providence a été mon voisin de palier qui revenait de quelques années passées en Chine. L'idée l'a amusé. Il m'a proposé de filmer deux matchs et de monter les meilleurs extraits de mon jeu. En préambule, je me présentais, en plan fixe face à la caméra, avec mon col roulé et une chaîne en or par-dessus. « Bonjour, je suis Frank Lebœuf... »

Une fois le film prêt, je l'avais dupliqué et j'avais posté les cassettes à deux clubs italiens, Pescara et Ascoli, et à trois clubs français, Créteil, Auxerre et Laval. Et j'avais commencé à prier.

C'était un procédé inhabituel : YouTube et Snapchat n'existaient pas encore, les smartphones non plus – ni d'ailleurs les téléphones portables. Mais je n'avais pas hésité une seconde et j'estimais que je n'avais rien inventé d'extraordinaire : j'avais simplement saisi une opportunité qui s'était présentée.

Ne t'enlise pas dans l'oisiveté, ne répète pas, ne copie pas, sors des chemins balisés par d'autres et mille fois empruntés, essaye !

Tu peux le faire, toi aussi ! Réfléchis à ta situation, sors des sentiers battus, imagine l'idée qui te différenciera, qui te démarquera du lot. Intègre cette façon d'être : elle devrait relever, pour toi, de la normalité. Il y a toujours quelque chose d'autre à créer ! Ne t'enlise pas dans l'oisiveté, ne répète pas, ne copie pas, sors des chemins balisés par d'autres et mille fois empruntés, essaye ! Si tu ne tentes rien...

J'avais, effectivement, reçu plusieurs réponses. En fait, tous les clubs, peut-être interpellés par le procédé, m'avaient répondu.

Les deux clubs italiens étaient intéressés par mon profil. L'un d'eux avait avancé une offre mirobolante : 50 000 francs par mois, une fortune. Je n'en croyais pas mes yeux. Mais il y avait un hic : ce club ne me proposait en contrepartie qu'un poste de deuxième remplaçant du défenseur titulaire – ce qui me laissait très peu de chances de participer à des matchs, donc de me montrer sur le terrain. J'avais refusé. Certes, on peut considérer que j'avais de la chance de recevoir cette offre, mais moi, je ne voyais pas cette offre comme une chance pour mon avenir. C'était une période où je ne mangeais pas à ma faim. Malgré tout, j'avais plus faim de foot que de nourriture…

La réponse du club de Créteil m'avait surpris. « Dans votre vidéo, il n'y a que de belles actions », m'avait dit mon interlocuteur. Je lui avais répondu du tac au tac, sans prendre le temps de soigner mon vocabulaire : « Je ne suis pas aussi con que ça ! Je veux me vendre, je ne vais pas faire un montage de mes ratés. » On s'en était arrêtés là.

À Auxerre, Guy Roux, qui était déjà une célébrité, m'avait invité à le rejoindre. Mais, comme en Italie, il ne m'offrait qu'une position de troisième défenseur. Les deux défenseurs en place étant en équipe de France, moi, l'inconnu débarquant d'un club de troisième division, je n'avais franchement aucune chance de réussir à apparaître sur le terrain. Quand j'ai refusé sa proposition, il n'était pas content : « Sans doute que tu le regretteras un jour », m'avait-il dit.

Il y avait enfin le Stade lavallois où le légendaire Michel Le Milinaire m'avait lui aussi proposé un essai. Le rendez-vous avait été pris et j'avais avalé la route d'une traite dans ma voiture, une Seat Ibiza équipée d'un extraordinaire autoradio – amovible, comme on les construisait à l'époque, pour les emporter avec soi quand on sortait de la bagnole. Un autoradio qui, avec un concert de Whitney Houston à Paris-Bercy, avait été ma seule fantaisie depuis l'âge 16 ans – je n'allais quand même pas manquer Whitney Houston, faut pas déconner...

J'étais motivé, il me restait à être pulsé : j'ai glissé dans l'autoradio le CD de *Rocky 3, l'œil du tigre*. Il a eu sur moi l'effet d'une méditation. Plus je l'écoutais, plus je rentrais dans une sorte de bulle où je me préparais à ce que je devinais être un tournant dans ma vie. Ce club-là, il ne me fallait pas le manquer.

Rocky a fait son effet. En sortant de ma voiture sur le parking, mon sac à dos jeté sur l'épaule, je n'étais plus le petit garçon qui s'était fait virer du centre de formation. Je n'étais plus le footballeur amateur repêché par Hyères. Je n'étais plus aussi loin de la lumière que lorsque j'avais rejoint Meaux. J'avais les dents qui rayaient le parquet, j'avais la rage, j'avais la haine, j'étais prêt à tacler la Mayenne entière pour arriver à mes fins : changer de vie.

Six séances d'entraînement étaient prévues, étalées sur trois jours. Je n'ai plus aucun souvenir des deux premières séances, mais j'ai dû faire un putain de match qui a tout arraché. Elles avaient suffi à persuader Michel Le Milinaire, « Mimi », que j'avais tellement envie de pain blanc, tellement envie de réussir, qu'il devait signer tout de suite avec moi.

J'étais sorti du terrain, le président du club m'avait reçu dans son bureau. Il m'avait simplement dit : « Ça nous plaît. » Et il m'avait offert un salaire de 8 000 francs, une belle somme. J'avais trois jours pour me décider. Je n'avais pas sauté de joie : tout cela me semblait « normal » au regard des efforts que j'avais déployés. J'avais signé et j'étais retourné d'une traite à Meaux pour préparer ma nouvelle vie. Mais j'avais oublié de rappeler mon père pour lui annoncer que l'affaire était conclue. Il m'avait téléphoné à 6 heures du matin, aussi furieux que lorsque j'avais refusé l'offre du club de Reims. J'en avais pleuré : je venais de traverser deux années de misère et il m'engueulait pour cet oubli. Je trouvais cela tellement injuste... Pour la deuxième fois en moins de deux ans, il ne m'a plus adressé la parole pendant un mois. Nous ne nous sommes plus jamais disputés ; j'ai toutefois attendu d'avoir 30 ans et de devenir champion du monde pour qu'il me dise cette parole que j'attendais depuis longtemps : « Je suis fier de toi. »

Trois mois plus tard, je jouais en première division, à Laval. Nous étions en 1988, j'avais 20 ans. Je pouvais maintenant rêver concrètement de gagner des trophées.

Est-ce que j'ai joué de chance pour arriver à Laval ? C'est une question que je me pose encore. J'avais certes bénéficié de belles rencontres – mais je les avais toutes provoquées en sortant de ma coquille, en me battant comme un diable, en ne m'accordant aucun répit. Mais je n'attendais pas de connaître quelqu'un pour déposer ma candidature dans un club. D'ailleurs, des clubs où je ne connaissais personne m'avançaient des offres. Pourquoi ? Parce que je me démenais à l'entraînement, sur terrain, parce que le football occupait la totalité de mon horizon, parce que j'avais des qualités ? J'ai gravi seul les premiers échelons. Je ne sais pas si c'est parce que j'ai eu de la chance, mais je suis certain que c'est à la force de mes chevilles : je m'étais accroché.

Je vais te donner mon secret : je n'ai jamais douté. Je ne me suis jamais posé de questions, j'ai mangé mon pain noir en étant convaincu qu'à un moment donné, la situation allait forcément se retourner. Il n'était pas possible qu'il en soit autrement. Aujourd'hui, quand je regarde derrière moi, je vois, dans ma vie, beaucoup plus de pain blanc que de pain noir. En fait, j'ai oublié le pain noir. J'ai oublié les heures d'entraînement que je m'infligeais, quand je vomissais d'épuisement mais que je persévérais. J'ai oublié les critiques, et il y en a eu, les erreurs, et il y en a eu aussi.

> Je vais te donner mon secret : je n'ai jamais douté.

Si je dois répondre objectivement, je pense que je n'ai pas eu de chance. J'ai eu plus que cela : j'ai réussi à convoquer la chance. Et quand on la convoque, elle se présente.

Elle est parfois extraordinaire ! À mon arrivée à Laval, je savais que les deux titulaires du poste de défenseur s'en allaient : ils avaient signé ailleurs. Le grand Stade lavallois se retrouvait démuni avec ce seul petit Lebœuf qui venait d'arriver, qui avait l'air très gentil, très poli, mais qui était quand même inexpérimenté. Le président du club m'avait déçu en m'annonçant qu'il était à la recherche d'un titulaire. Je m'étais énervé : « Si vous voulez dépenser de l'argent, allez-y ! » Il avait rigolé : « Tu vas te calmer ? Tu arrives de Meaux et tu veux vraiment jouer tout de suite ? » Je l'avais regardé droit dans les yeux : « Oui, je veux jouer tout de suite. »

Bruno Steck avait alors rejoint le club en tant que défenseur titulaire. Ma « chance » (et non la sienne) est qu'il se soit blessé au bout de quelques rencontres. Je suis donc monté au front : j'étais son remplaçant. Avec cet épisode, nos deux noms nous avaient évidemment valu des plaisanteries, à vrai dire très drôles – je me souviens d'un « Steck – Lebœuf, la charnière saignante » qui m'avait fait mourir de rire.

On m'attendait, je me suis lancé et je me suis imposé. La blessure de Steck avait été un petit coup de pouce du destin pour Lebœuf. Mais celui qui a réussi à s'imposer, c'est moi, ce n'est pas le destin ! Allez, je ne vais pas jouer au modeste : ce que j'ai réussi est quand même extraordinaire !

Qu'on ne vienne pas me dire que je suis un privilégié, et encore moins, que j'ai seulement eu de la chance. J'en ai d'abord bavé…

Il est trop facile de dire « je n'ai pas eu de chance » et de stagner dans son coin. Je ne crois pas qu'il y ait des malchanceux sur toute la longueur de la ligne. En revanche, je suis convaincu qu'il y a des gens qui, à un moment donné, ont arrêté de réfléchir et d'espérer. C'est là qu'ils sont devenus malchanceux. On me dit parfois que j'aurais pu avoir encore mieux. C'est possible, mais j'ai eu ce que je voulais. Et toi, est-ce que tu as ce que tu veux ?

À toi de jouer !

- La chance ne viendra pas si tu ne l'invoques pas à tes côtés. Et pour cela, il faut se démener !
- Ne doute pas, n'hésite pas, ne te détourne pas de ton rêve. Tu dois être convaincu qu'à un moment, tu prendras un virage.
- Concentre-toi sur ton objectif : changer de vie. Reste en alerte et, crois-moi, le destin te suivra.

5
J'ai mieux que la superstition !

J'ai rejoint le Stade lavallois comme stagiaire. Vingt matchs plus tard, c'est la règle, je suis devenu professionnel. Et en plus, dans un club de première division ! Mais cela n'a pas duré : après une mauvaise saison, nous avions été rétrogradés. Nous avions quitté la pente ascendante pour prendre la pente descendante, je sentais que tout partait en vrille, mettant à mal ma nouvelle ambition : rejoindre l'équipe de France.

Sur le terrain, je continuais de me donner à fond : je ne sais pas faire autrement quand il s'agit d'une passion. Forcément, j'avais été repéré par d'autres clubs, des émissaires étaient envoyés pour m'observer et me jauger, j'avais été particulièrement fier quand un émissaire du Paris-Saint-Germain avait été envoyé à Laval. Ma joie avait été de courte durée : je me souviendrai longtemps de ce mec-là, affalé dans les tribunes, complètement défoncé, le regard ailleurs. Il n'avait rien regardé et m'avait balayé d'un revers de main, me préférant Antoine Kombouaré, par ailleurs un mec que j'adore.

Je suis lucide, je te l'ai dit, quant à mes défauts, tout à fait capable de juger quand j'ai été mauvais. Mais ce jour-là, j'avais été bon, j'avais même été très bon. J'étais ambitieux, je voulais réussir, et là, d'un coup, ce type paumé venait de me couper les ailes, de me bloquer la route. J'en étais tombé littéralement malade: une gastro-entérite surinfectée qui m'avait vidé et m'avait fait perdre quatre kilos en trois heures. J'ai cru mourir.

Le club de Strasbourg avait lui aussi posé une option sur moi. Mais je n'en voulais pas: c'était un club de deuxième division et j'avais envie de progresser, d'avancer, de réussir. J'avais du potentiel, je le savais. Mon agent était intervenu. Nous avions eu une longue discussion, très franche, à l'issue de laquelle il m'avait demandé de réfléchir encore. J'avais réfléchi, je n'avais pas dit non, je n'avais pas dit oui. Le club avait donc dépêché deux personnes, son entraîneur, Léonard Specht, et son directeur sportif, Max Hild – dont j'ai compris qu'ils étaient des amis de mon agent – pour emporter ma décision.

Et j'avais joué. D'abord très mal: ma gastro-entérite me paralysait, j'étais maladroit, je n'avais plus de forces, au point que mon agent était intervenu à la mi-temps pour me secouer. Je le remercie pour cette engueulade: nous avions joué le match contre Le Havre, et gagné 1-0 grâce à un penalty que j'avais tout de même marqué à la dixième minute.

Après le match, nous nous étions retrouvés au restaurant, les émissaires, mon agent et moi. Ils discutaient, j'avais de plus en plus mal au ventre. Je voulais rentrer chez moi, je les avais interrompus assez sèchement. «Excusez-moi, on fait quoi, là ?» La réponse des émissaires avait fusé: «Tu viens la semaine prochaine à Strasbourg, tu vois les installations du club, et si ça te plaît, tu signes.»

J'aime bien les personnes qui vont droit au but. Leur discours me convenait et, d'un coup, j'avais moins mal au ventre.

J'ai été à Strasbourg et j'ai signé. À 60000 francs par mois, auxquels le club avait rajouté 2 millions de francs pour mon rachat – le Stade Lavallois en avait grand besoin, et je reconnais que cette somme versée à mon club avait joué dans ma décision.

Et nous avons quitté Laval, mon épouse (aujourd'hui mon ex-épouse) et moi. Moi en voiture, mais le trajet était trop long pour elle : elle était enceinte, au huitième mois de sa grossesse. Je l'ai attendue à sa descente d'avion. J'ignorais ce que le proche avenir me réservait, mais j'avais confiance dans ma capacité de rebondir, au besoin.

Premier match, nous gagnons à Istres. Deuxième match, nous gagnons contre Valencienne 3-0. Je jouais comme un fou et, au bout du troisième match, j'étais considéré comme l'un des leaders de l'équipe. Dans les années qui ont suivi, ma vie a basculé. Le club est remonté en première division, nous avons joué la Coupe d'Europe, j'ai connu l'équipe de France, je suis devenu capitaine du club.

Durant cette période, je me suis laissé contaminer par le folklore des superstitions qui abonde dans les vestiaires. Et je suis devenu à mon tour superstitieux.

C'était peut-être trop, trop vite. Durant cette période, je me suis laissé contaminer par le folklore des superstitions qui abonde dans les vestiaires. Et je suis devenu à mon tour superstitieux. C'était grave ! Je n'en ai pas raté une, quand bien même les rituels que je m'infligeais me pourrissaient littéralement la vie.

Ainsi, j'empruntais exactement le même itinéraire pour me rendre de mon domicile au club, quitte à attendre si un camion de déchargement bloquait la route. Je ne pouvais pas en dévier, persuadé que cet itinéraire me portait bonheur pour le reste de la journée. Je me faisais toujours masser par le même kinésithérapeute, j'enfilais bien sûr toujours la chaussette droite avant la chaussette gauche. Et j'avais même mon slip fétiche avec lequel j'ai systématiquement joué tous mes matchs pendant un an et demi. Il avait morflé avec la transpiration, avec mes mouvements, avec les lavages à répétition, à force il était troué, mais je n'imaginais même pas de porter un autre slip pour jouer.

Malgré tous ces rituels auxquels je me contraignais, je ne gagnais pas toujours. Or, même quand je perdais, je restais attaché à mes superstitions. Exactement comme les joueurs qui se signent avant d'entrer sur le terrain, se signent quand ils marquent un but, et se signent aussi quand ils en ratent un. Je me souviens en particulier de Romario qui se signait quatre fois... après avoir raté un tir et envoyé le ballon dans la tribune. J'en souris aujourd'hui, j'en plaisante même : « Heureusement qu'il n'avait pas marqué, il aurait passé le reste de la journée à se signer. » Mais quand j'étais superstitieux, c'était du sérieux : je ne rigolais pas avec ces choses-là.

C'est l'une de mes superstitions qui m'a ouvert les yeux. Avant un match, tu passes aux W.-C., c'est normal. Au club de Strasbourg, nous avions trois urinoirs côte à côte. Mais je n'utilisais que celui du milieu puisque j'avais décidé qu'il me portait bonheur. Ce jour-là, il était occupé, les deux autres urinoirs étaient libres, et j'attendais mon tour avec une super envie de pisser. Je me tortillais presque quand l'arbitre avait sifflé pour nous préparer à rentrer sur le terrain. Dans une sorte d'illumination, j'avais perçu le ridicule de la situation. J'avais pris sur moi, et cela n'est pas évident, mais j'étais allé me soulager à l'urinoir de droite. Et, nous avions gagné ce match. J'ai réalisé à ce moment qu'il était temps pour moi d'arrêter ce folklore et de redevenir normal. C'était vraiment con, je n'ai pas d'autre mot pour le dire ! Suivre le même itinéraire ne m'empêchait pas de perdre parfois, pas plus que de m'asseoir toujours au même endroit ou pisser ici plutôt qu'ailleurs !

J'étais entré dans la superstition comme on entre en religion, sous l'effet de la pression, des questionnements, de la peur, de l'incertitude.

J'étais entré dans la superstition comme on entre en religion, sous l'effet de la pression, des questionnements, de la peur, de l'incertitude. Rationnellement, je savais que mes réussites ne devaient rien à mon slip troué, mais j'avais sans doute besoin d'être rassuré, de croire qu'un élément extérieur m'aiderait en cas de problème.

Je m'en suis voulu pour cette faiblesse et, comme je ne fais jamais les choses à moitié, je suis passé de l'autre côté, dans une « préparation à la non-superstition » que j'ai imaginée, aussi extrême que mes superstitions. En fait, j'essayais de faire chier mes superstitions... au point que ça en était devenu une autre superstition : j'avais pris ce chemin hier ? Je prendrai un autre aujourd'hui, même si la route est bloquée. Les deux urinoirs, de gauche et de droit, sont occupés ? Même si je suis pressé, j'attendrai que l'un des deux se libère, mais je n'irai pas à celui du milieu parce que je ne suis pas superstitieux. Et je ne mettais évidemment que la chaussette gauche avant la chaussette droite, puisque je n'étais plus superstitieux, moi !

Ce cirque a duré quelques semaines. Mon remède a fonctionné : peu à peu, je cessais de faire attention à ces détails qui, hier, m'obnubilaient, m'étaient obsessionnels. Ce petit jeu était, en gros, terminé – même s'il m'arrive parfois d'avoir un petit accès de superstition qui me fait rigoler.

En cessant d'être superstitieux, non seulement je n'ai pas gagné moins de matchs, mais ma carrière a pris son envol. Ce qui n'a rien à voir avec les croyances, la chance ou la chaussette que j'enfilerai avant l'autre : je continuais tout simplement de me donner à fond, de travailler, d'aller jusqu'au bout de mes possibilités.

Les superstitieux ne se trouvent pas seulement dans les stades. Depuis que j'ai commencé une carrière de comédien, j'en trouve un sacré paquet sur scène ! Au théâtre, « on dit » qu'il ne faut jamais porter du vert, ou encore qu'il ne faut jamais prononcer le mot « corde » : cela porterait malheur. Mon pied-de-nez à cette croyance est une montre dont le verso est vert. Il m'arrive de la porter quand je joue, si elle s'accorde à mes vêtements, mais j'évite de le dire aux autres acteurs. Je ne pense évidemment pas que ma montre au verso vert nous porterait malheur, mais je respecte leurs croyances… et je préfère éviter de les terroriser : là, les conséquences risqueraient vraiment d'influer sur leurs performances ! Je ne vais tout de même pas les pousser vers la négativité juste pour m'amuser…

En dehors de la scène, c'est autre chose. J'étais, il n'y a pas si longtemps, en voiture avec deux comédiens. Nous roulions sur une autoroute, des moutons broutaient dans un pré, je les ai entendus crier de joie : « Mouton pognon ! Mouton pognon ! » Je ne connaissais pas ce « truc » qui, m'ont-ils expliqué, « fait venir l'argent ». Là, je n'ai pas résisté : « Votre “mouton pognon” dure depuis combien d'années ? Et vous n'avez toujours pas un rond. Je n'ai jamais dit "mouton pognon" et tout va bien pour moi. Vous ne trouvez pas que cette histoire est stupide ? » Je ne pense pas les avoir convaincus…

Pour mettre toutes les chances de mon côté, j'ai mieux que la superstition : la première action. C'est une astuce que j'ai découverte à Strasbourg. Elle est très simple : avant un match, quand j'étais déjà dans le tunnel menant des vestiaires au terrain, je me parlais à moi-même : « Ton premier ballon doit être bon. Un bon contrôle, une bonne passe. » Je me répétais cette phrase – et je faisais en sorte qu'elle se concrétise dès les premières minutes du match ou de la rencontre.

Pour mettre toutes les chances de mon côté, j'ai mieux que la superstition : la première action.

Toi aussi, ta première intervention, ton « entrée sur scène », une passe, un tacle, une tête au football, une phrase, un bonjour, une main serrée, doit être réussie. C'est elle qui te pose, qui te donne un premier élan. Ce n'est pas une affaire de magie : ce premier succès t'ôte tes doutes, te renforce, te donne confiance en toi. Tu marques d'emblée des points, tu prends tes marques dans la situation où tu te trouves. Ce n'est pas un hasard si on dit qu'une action qui commence mal finit mal, et une action qui commence bien finit bien…

« Ma première action doit être bonne » : pense très fort à cette phrase quand tu arrives à un rendez-vous important pour toi. Concentre-toi pour poser ta voix, pour ne pas bafouiller, pour parler clairement. Prépare les premiers mots que tu diras, la manière dont tu les diras et la façon dont tu te tiendras, comme je le fais aujourd'hui avant de monter sur scène : cette entrée va lancer le rythme bien mieux que toutes les superstitions du monde !

Tu as raté ton entrée ? À toi d'être assez intelligent pour le faire oublier à ton interlocuteur. Tu peux même en rire (un peu)… et surtout te rattraper très vite dès la deuxième action. Mais dépêche-toi : personne n'a beaucoup de temps ! Or, si tu dois convaincre ton vis-à-vis, c'est quand même la première impression qui le marquera. Ta petite plaisanterie pour te faire pardonner une entrée moins bonne que prévu fera partie de cette première impression !

La main qui va t'aider, c'est la tienne…

À toi de jouer !

- Tes superstitions te rassurent ? Très bien ! À partir d'aujourd'hui, tu vas les inverser. Force-toi à changer d'itinéraire, à changer de place. Le soir, revois ta journée : a-t-elle été plus chaotique, moins bonne ? Recommence le lendemain et le surlendemain. Tu constateras par toi-même la vacuité de ces superstitions.

- Occupe-toi plutôt de préparer ton entrée quand tu arrives à un rendez-vous : la première action doit être bonne. C'est elle qui détermine l'impression que tu laisses à ton interlocuteur.

- Maintenant que tu n'as plus tes superstitions pour t'aider, tu vas t'aider toi-même à transformer ce coup d'essai (un entretien, un examen…). Tu verras que c'est encore plus efficace.

6
Tu as le trac ? Cool !

Tu t'inquiètes parce que tu as tendance à avoir le trac. Tu as peur de bafouiller, de te tromper, de rougir, d'avoir les mains moites, de ne pas être à la hauteur, d'échouer. Tu mets une énergie considérable à lutter contre ce trac. Tu as tort. À une jeune comédienne qui lui disait qu'elle n'avait jamais le trac, l'immense actrice Sarah Bernhardt avait répondu : « Ne vous inquiétez pas, ça viendra avec le talent. » Et c'est tellement vrai ! Quand tu veux être au top, tu as besoin de cette angoisse, tu as besoin du questionnement, tu as même besoin de la peur : elle est l'aiguillon qui va te pousser à te mettre au niveau, à te dépasser, à être meilleur.

Tu es angoissé parce que tu n'as pas de filet de sécurité. Je vais te raconter une histoire.

En 1997, lors d'une soirée chez des amis, j'avais partagé mon amour du théâtre avec Ronald Harwood, un formidable auteur qui travaillait avec les plus grands metteurs en scène – en 2003, il a même obtenu l'Oscar de la meilleure adaptation pour l'écriture du film *Le Pianiste*. Je ne m'attendais pas à ce qu'il m'appelle trois ans plus tard pour me proposer un petit rôle dans un film. «Il y aura Harvey Keitel dans le rôle principal, Moritz Bleibtreu, un jeune acteur fantastique, Robin Renucci sera là aussi. Et je veux que tu fasses tes débuts au cinéma avec nous. Je créerai un rôle pour toi, une petite scène, quelques phrases (il n'y en aura qu'une en fait). Qu'est-ce que tu en dis?»

Ce que j'en dis? Je suis immédiatement allé voir mon entraîneur – j'étais alors à Chelsea – pour qu'il me laisse partir trois jours à Berlin afin de préparer mon avenir. Merci, Claudio Ranieri, pour m'avoir laissé goûter aux prémices d'une passion! J'étais déjà célèbre, j'étais déjà champion, mais en arrivant au studio de tournage, j'avais la trouille. Bien sûr, rien ne m'obligeait à franchir ce pas. Après tout, ma carrière de footballeur pouvait naturellement m'amener à une carrière d'entraîneur. Malgré ma peur, malgré mon angoisse d'échouer, d'être mauvais, de me ridiculiser, j'ai poussé la porte parce que je savais, au fond de moi, que j'aimais par-dessus tout le théâtre et le cinéma. J'avais enfoui cette passion, l'appel de Harwood l'avait réveillée. J'avais désormais profondément envie de prendre un jour un nouveau tournant, radical, dans ma vie. De changer de vie.

Devant les caméras, j'ai eu le trac. J'ai même bégayé la seule phrase que j'avais à dire. Mais j'y suis allé, j'ai mis en œuvre toutes mes ressources pour réussir à prononcer correctement cette phrase et à répondre, sur le plateau, aux attentes du réalisateur. Et je l'ai fait. Dis-toi bien que rien ne résiste à une passion.

Observe la situation. Tu as peur, c'est normal. Mais réfléchis un peu: de quoi as-tu le plus peur? Analysons ensemble cette émotion. Tu vas passer un examen, une audition, un entretien d'embauche. Ce n'est pas la personne que tu vas rencontrer qui te fait peur à ce point. Ce ne sont pas non plus les questions qui vont t'être posées et auxquelles tu t'es préparé. Au fond de toi, ce que tu crains, c'est ton trac, ton angoisse qui risquent de t'inhiber et de te faire perdre tes moyens. Tu n'as pas tort !

J'ai appris une astuce que je vais te donner : cesse de lutter contre ces émotions, contre ta peur, contre ton trac, contre ton angoisse. Ce ressenti, tu n'y peux rien, il ne disparaîtra pas par le seul effet de ta volonté ni par un coup de baguette magique. Admets le fait qu'il ne peut pas en être autrement. Oui, tu as le trac. Ta seule solution est de l'accepter. Il va rester là, avec toi. Mais dès que tu lui dis oui, dès que tu cesses de mettre ton énergie à le chasser et qu'au contraire, tu l'accueilles, il ne va plus t'embêter. Lui et toutes tes émotions seront tout à fait gérables et deviendront même des éveilleurs qui te pousseront à ne pas baisser ta vigilance, à ne pas te laisser aller. À triompher.

> Tu as accepté ton trac, tu as accepté ta peur. Il te reste maintenant à confirmer que tu es la femme ou l'homme de la situation. Donc que tu es capable.

Ton énergie, tu vas la mettre ailleurs : dans la concentration. Tu vas te concentrer avant d'être sous la lumière, quand tu es encore dans le tunnel qui mène au terrain – ou dans l'ascenseur qui te conduit à ton rendez-vous, ou à la porte du café où tu as ce rendez-vous.

Ah, les tunnels des stades ! Je les traversais le visage fermé, je ne regardais ni à gauche ni à droite, je ne voyais rien. Dans ma tête, j'étais déjà sur le terrain, dans le match. J'avais commencé à jouer. Quelques secondes plus tard, dès que je sortais du tunnel, j'étais prêt.

En revanche, ne laisse pas ta concentration te dominer pendant que tu es dans le feu de l'action. Sur le terrain, tu n'as pas à te concentrer, tu as à être ce que tu es, tu as à jouer. Si tu es trop tendu, tu risques de ne plus rester pleinement maître de tes moyens. On le voit au football avec les joueurs qui démarrent, au théâtre avec les comédiens qui n'ont pas encore l'habitude de la scène : ils sont tendus, ils sont concentrés. Et ils ne resplendissent pas, ils ne se déploient pas, ils ne brillent pas.

Tu as accepté ton trac, tu as accepté ta peur. Il te reste maintenant à confirmer que tu es la femme ou l'homme de la situation. Donc que tu es capable. Après tout, tu as déjà accompli une bonne part du chemin puisque tu es dans cette situation qui te donne le trac, à ce rendez-vous qui t'angoisse. Si tu es là, c'est déjà grâce à ce que tu es. Ne te sous-estime pas, tu es déjà un gagnant.

Après avoir tourné la page du football, je me suis consacré à ma deuxième passion et je me suis lancé dans une carrière de comédien. Je l'ai préparée et, pour commencer, j'ai suivi des cours au Lee Salzberg Institute, en Californie où je m'étais installé.

Le fils du fondateur de cette prestigieuse école m'a très tôt donné une leçon qui m'a énormément servi par la suite. C'est un vrai vaccin contre le trac ! La voici : quand on te demande si tu es capable de faire telle chose, réponds oui, même si tu ne le sais pas. « Tu sais monter à cheval ? » Oui ! « Tu sais sauter en parachute ? » Oui ! Pourquoi dirais-tu non ? Reconnais ton trac, reconnais ta peur et jette-toi dans le bain. Essaye ! Aie confiance en toi ! Rappelle-toi que c'est quand même toi qui as été sélectionné : pour cet entretien, pour cet

Si tu es là, c'est déjà grâce à ce que tu es.
Ne te sous-estime pas, tu es déjà un gagnant.

examen, pour ce rendez-vous, pour cette prise de parole en public. Toi, avec ta gueule, avec ta manière d'être et de parler.

Et puis, n'oublie pas une chose : tu ne sais pas ce qu'il va se passer lors de cet événement qui te donne tant de trac. Pourquoi tu t'es mis en tête que tu allais échouer ? « L'intelligence d'un homme, c'est de savoir dire "je ne sais pas" », comme le dit le dalaï-lama.

Je ne me suis jamais lancé avec l'idée que je pourrais perdre, et c'est ce qui m'a permis de gagner très souvent. Très souvent, mais pas toujours. J'ai perdu certains beaux matchs, j'ai commis certaines erreurs, je me suis énervé, je n'en ai pas dormi de la nuit, des journalistes et même les supporters me sont alors tombés sur le dos… Et alors ? Je n'en suis toujours pas mort. Et, la fois suivante, j'ai gagné.

« L'intelligence d'un homme, c'est de savoir dire "je ne sais pas". »

Garde en tête que tu pourras t'en sortir.

À toi de jouer !

- Ne te dispute pas avec ton trac, avec ta peur. N'en aie pas honte. Reconnais-les, accepte-les pour pouvoir les apprivoiser.
- Aie confiance en toi : tu as le trac parce que tu n'as pas de filet de sécurité. Pourtant tu es capable. La preuve ? C'est toi qui as été sélectionné !
- Tu as perdu ? Et alors ? La prochaine fois, tu gagneras.

7
Le mot-clé : la confiance

Dans ma vie, j'ai entendu beaucoup de mots très durs qui étaient destinés à me marquer au fer rouge. J'ai encaissé le choc puis je les ai oubliés : j'avais confiance en mes qualités, en mes possibilités. Ces paroles, aussi blessantes soient-elles, ne suffisaient pas à me faire douter.

Je te l'ai déjà raconté, j'avais à peine dix-huit ans quand j'ai été mis à la porte du centre de formation de Toulon parce que je n'étais pas jugé assez bon pour avoir un avenir dans le football professionnel. Autrement dit, il avait été estimé que je n'avais pas de potentiel et les enseignants ne voulaient pas perdre leur temps avec moi. Mais moi, je savais que je pouvais y arriver. Bien sûr, je n'ai pas reçu cette gifle avec gaieté de cœur. Elle fut même un coup de massue qui m'était asséné. Pendant quelques jours, j'ai senti que la terre tremblait sous mes pieds. Mais je me suis accroché. Ce rejet ne suffisait pas à me faire cesser de croire en moi.

À dix-neuf ans, c'est le patron du club du Reims qui en avait rajouté une couche. Je venais de refuser sa proposition de rejoindre son club – il était hors de question que je retourne dans un centre de formation comme il l'exigeait.

Il avait pris son téléphone et je me rappelle chacune de ses paroles : « Tu n'arriveras à rien, tu es nul ! On te propose un truc en or ! » Je lui avais calmement répondu : « Peut-être que vous avez raison, mais votre proposition ne me convient pas. » Mon père était, lui aussi, furieux, et il ne m'avait plus adressé la parole pendant un mois. Mais j'avais confiance en moi, en mes qualités. Je savais que je pouvais prétendre à mieux.

J'étais à cette époque loin de rouler sur l'or (je jouais au club de Meaux), mais je m'étais aussi offert le luxe de refuser le salaire de 50 000 francs que me proposait un club italien : je ne voulais pas être en troisième position sur la liste des titulaires du poste. J'aurais pu y aller, encaisser mon salaire, m'entraîner et me reposer lors des matchs. Mais trois ans plus tard, que serais-je devenu ? Un illustre inconnu que personne n'avait jamais vu sur le terrain ? Je serais retourné vendre des fringues ? Et ensuite ? Il faut toujours regarder plus loin que le bout de son nez.

Mon attitude peut sembler insensée, mon père l'avait jugée ainsi, mais elle ne l'était pas. J'avais un objectif : jouer au foot, devenir footballeur professionnel, me donner à mon métier, grimper les échelons, jouer dans la cour des grands. Je voulais avoir la chance de pouvoir me battre, de pouvoir grandir, de prouver les qualités que j'avais et que je connaissais.

J'ai eu raison de m'accrocher à ma confiance en moi : un an plus tard, je signais au Stade lavallois, un club de première division. Certes, je n'étais pas le titulaire, mais j'étais le deuxième joueur. Forcément, au bout de quelques matchs, j'allais jouer. De fait, vingt matchs plus tard, je suis devenu professionnel.

Les médias non plus ne m'ont pas épargné, s'acharnant sur moi au fur et à mesure que je grandissais.

J'en ai entendu, j'en ai lu des vertes et des pas mûres, des affirmations brutales, méchantes, mais je ne me suis pas laissé impressionner, je n'ai jamais douté. Je n'oubliais pas pour autant, et il y a quelques journalistes sportifs à qui je souhaitais une mauvaise année quand je les croisais – c'est-à-dire souvent.

Un épisode particulièrement cruel s'était déroulé quand j'avais rejoint les Bleus. Je jouais alors à Strasbourg, nous étions en déplacement à Bastia et nous enchaînions les victoires. Un journaliste m'avait appelé : « Tu es content ? » J'étais tombé des nues : « Content de quoi ? » C'est lui qui m'avait annoncé que j'étais appelé en équipe de France. Je n'en revenais pas ! Je touchais les étoiles ! Mais, le lendemain, ce fut un tir groupé. Un déchaînement des médias spécialisés contre moi. J'avais même eu droit à une demi-page dans *L'Équipe*, expliquant qu'à 26 ans, j'étais bien trop vieux pour aller chez les Bleus. Le sélectionneur de l'équipe de France, Aimé Jacquet, m'avait appelé le jour même pour me dire de ne pas tenir compte de tout ce que je lisais et entendais… et me demander de m'abstenir de répondre, au moins jusqu'à la fin du championnat d'Europe.

Ces critiques, ces réflexions, cette méchanceté m'avaient laissé de marbre. Trop vieux, moi ? J'ai quand même fait sept ans en équipe de France et je les emmerde tous ! Et puis, c'est ce qui arrive très souvent dans la vie, ceux qui m'attaquaient, qui essayaient de me faire perdre confiance en moi, partaient avec un handicap : ils n'avaient jamais joué au foot, eux. Ou alors pour s'amuser le dimanche après-midi, avec des copains.

Que savent-ils vraiment de toi, ceux qui te sapent le moral ?

Je m'étais engagé auprès d'Aimé Jacquet à rester de marbre. Je ne comptais pas trahir cette promesse.

Néanmoins, quand j'ai rejoint mon premier rassemblement de l'équipe de France, le journaliste qui avait signé l'article le plus violent était présent. Il m'était impossible de faire semblant qu'il ne s'était rien passé, que je n'avais rien vu, rien lu. Je devais la jouer avec finesse. Je me suis approché derrière lui, je lui ai tapé sur l'épaule, il s'est retourné, a sursauté. À voix haute, pour être entendu de tous, je lui ai lancé, avec un grand sourire : « Bonjour, Frank Lebœuf. Je me présente parce que vous n'avez pas l'air de très bien me connaître. Et au revoir. » J'ai mis les rieurs de mon côté et c'est ce que je voulais. Il m'en a voulu à mort mais je me suis délecté de ma petite revanche.

> Le mot-clé est la confiance. En soi, en son avenir, en son destin. Je ne me considère pas meilleur que les autres, je ne me considère pas moins bon non plus.

Le mot-clé, tu l'auras compris, est la confiance. En soi, en son avenir, en son destin. Je ne me considère pas meilleur que les autres, je ne me considère pas moins bon non plus. Aimé Jacquet m'avait choisi moi, Frank Lebœuf, 26 ans, plutôt que X, Y ou Z, avec deux ou trois ans de moins mais aussi, à ses yeux, quelques compétences de moins.

Tu as des qualités, elles ont été reconnues par d'autres (même si toi, tu ne les vois pas) et tu as été choisi : pour assumer telle responsabilité, pour prendre en charge tel dossier, pour entreprendre une formation ou occuper une nouvelle fonction. Reconnais ces qualités, autorise-les à être et tu pourras ensuite les imposer à tes partenaires comme je les imposais sur le terrain.

J'ai mis en pratique ce principe dans ma carrière de footballeur, et puis aujourd'hui dans ma carrière de comédien. Quand je l'ai embrassée, j'ai évidemment eu droit à quelques remarques acerbes sur le mode : «Que fait un footballeur sur une scène de théâtre?» Je ne me suis pas laissé démonter: après tout, pour tenir ce rôle, c'est bien moi que le réalisateur a choisi. S'il préférait Bruce Willis, il aurait pris Bruce Willis – à condition évidemment d'en avoir les moyens. Je joue en étant moi-même, je ne suis pas quelqu'un d'autre! D'ailleurs, et tous les grands acteurs te le diront, on ne rentre pas dans le personnage; c'est le personnage qui rentre en toi. C'est le cas à tous les moments de la vie.

Personne, jusqu'à présent, n'a réussi à me faire perdre confiance en moi. Fort de cette confiance que je porte depuis très longtemps, je n'ai jamais envisagé l'option de ne pas réussir ou d'être écrasé par meilleur que moi: je me considère aussi bon que les autres.

Quand tu as confiance en toi, en tes possibilités, tu as forcément confiance en ton destin. Dès lors, tout peut t'arriver. En revanche, si tu doutes et que tu t'arrêtes à tes doutes, crois-moi, c'est mort. Moi aussi j'ai des doutes et je continue à en avoir! Mais je ne les laisse pas me bloquer.

Dans la vie, nous naviguons toujours à vue. Détrompe-toi, ma carrière n'a pas été un long fleuve tranquille et je n'ai jamais vécu avec des certitudes: quand je rejoignais un club, je ne savais pas combien de temps j'y resterais, ni où j'irais par la suite. Nous avons en permanence à choisir, à décider pour notre vie. Nous ne sommes jamais à l'abri d'une bonne surprise, mais il faut tout de même savoir naviguer. Ta seule boussole est la confiance.

Ta seule boussole est la confiance.

Quand elle est ancrée en toi, appelle-la pour t'orienter. Tu peux, grâce à elle, dresser un bilan. De quoi as-tu vraiment envie ? De ce que tu as, là ? De ce que l'on te propose ? Mais ce que l'on te propose, te correspond-il ? Est-il une avancée sur ton chemin ?

Parfois, tu feras un compromis : ta confiance en toi te permet d'accepter ce qui t'est proposé parce que tu sais que ce choix est effectué pour une période transitoire.

Décide pour ta vie. Tu n'es jamais bloqué, tu peux te battre. Je vais te donner une astuce : le « oui… mais ». Quand tu t'interroges et qu'il y a un « oui… mais » au fond de toi, la réponse est là : tu dois dire non. Ne trahis pas ce que tu veux, ce que tu sais pouvoir réussir.

Tu me dis qu'on ne te donne pas la possibilité d'avoir ce que tu veux ? Fais juste en sorte qu'on te la donne. Et, quand ça marchera pour toi, ce sera tout sauf du hasard.

Aie le courage de concrétiser ton rêve…

À toi de jouer !

- Il y a des critiques constructives, et puis il y a celles qui sont faites pour te tuer. Celles-là, ne les écoute pas.
- Ton unique boussole doit être la confiance que tu as en toi, en tes capacités, en tes possibilités. À partir de là, regarde plus loin que le bout de ton nez.
- Tu hésites ? Tu te dis « oui… mais » ? Alors, c'est non : tu mérites mieux.

8
Les réseaux de la terreur

« *Stop looking for validation from people who aren't even valid.* » « Arrête de chercher la validation de la part de personnes qui ne sont pas elles-mêmes valides. »

C'est exactement ce que je ressens aujourd'hui face aux réseaux sociaux dont la mission principale me semble être de défoncer tout ce qui existe, tout ce qui bouge. Qu'est-ce que j'en ai à faire de tel ou tel que je ne connais pas, qui ne me connaît pas ou à peine, et qui se permet de dire tout et n'importe quoi, de juger, d'admonester, de donner son avis que je ne lui ai pas demandé ? Qui sont ces gens pour décréter si je suis bon ou pas, et décider qu'en fin de compte, je suis vraiment moche et nul ?

Le succès des réseaux sociaux s'explique, selon moi, par le besoin qu'ont certains d'entendre dire que ce qu'ils font est bien, même si c'est de la part de personnes qui ne savent pas de quoi elles parlent, qui n'ont jamais fait ni essayé de faire ce qu'elles sont en train de juger, et qui ne sauraient même pas essayer de se mettre à la place de celle ou de celui qu'elles jugent.

Il n'y a pas si longtemps, j'ai vu réapparaître sur les réseaux sociaux une photo des équipes de l'Olympique lyonnais et de l'Olympique de Marseille, prise à l'issue d'un match auquel j'avais participé. Elle était assortie d'un commentaire ironique : « Il n'y a que le ramasseur de balles qui savait jouer au foot. » Qui a posté la photo ? Qui a ajouté ce commentaire stupide ? Un anonyme caché derrière un pseudo, quelqu'un qui n'a sans doute jamais joué au foot. Un autre commentaire répondait à ce *post* : « Il y avait quand même des joueurs extraordinaires sur le terrain. » La suite, tu la connais : une bagarre qui s'enclenche entre réseauteurs qui se déchirent à coups de jugements lapidaires, de « j'aime » et de « j'aime pas » qui ne reposent sur rien. Et puis ils passent tous à autre chose, ils se trouvent un autre os à ronger, sans avoir conscience du mal qu'ils ont pu causer. Gratuitement, sans aucun objectif, sans aucun sens.

Ce sont eux qui t'impressionnent ? Et d'ailleurs, qu'est-ce que tu fais sur les réseaux sociaux à part créer un faux vedettariat ?

J'ai eu la chance de jouer à une époque où les réseaux sociaux n'existaient pas. La bêtise humaine, elle, a toujours été là. Je m'en suis méfié et c'est la raison pour laquelle je n'ai jamais été très proche des médias et je n'ai jamais copiné avec les journalistes : comment pouvaient-ils affirmer et même expliquer aux autres que j'ai été mauvais sur telle action alors qu'ils n'ont jamais joué à mon niveau et ne savent même pas ce que signifie être proche de ce niveau ? Que savent-ils de ce que je vivais à ce moment sur le terrain ? De ce que je pouvais ressentir, voir, juger ? Essayaient-ils seulement de contextualiser l'action, donc de se mettre à ma place ? Comment auraient-ils agi ?

J'ai eu une mauvaise expérience avec un journaliste qui me taillait à tous les matchs. Il me harcelait. Je jouais à ce moment à Strasbourg et, dès que je commettais la moindre erreur, il me défonçait. J'avais fini par lui demander, après un match de Coupe d'Europe, pourquoi il m'en voulait à ce point. Sa réponse était digne des harceleurs d'aujourd'hui sur les réseaux sociaux : « Rien, mais je ne te sens pas, c'est comme ça. » L'affaire a duré un an, de novembre 1994 à novembre 1995. La période était stressante : nous venions de nous qualifier contre Israël, avec l'équipe de France, pour le Championnat d'Europe qui se jouait en Angleterre et, trois jours plus tard, d'enregistrer une défaite cuisante contre Le Havre, à 3-0. Nous avions été très mauvais sur ce coup et, en plus, j'avais glissé sur le terrain et je m'étais fait une entorse.

J'étais dans les vestiaires, un sac de glaçons autour de ma cheville et un kinésithérapeute à mes côtés, quand ce journaliste est entré – c'est l'avantage de la « vraie vie » sur les réseaux sociaux : tu sais qui t'attaque et tu as la possibilité de le rencontrer réellement et non virtuellement. Je me suis énervé : « Tu sors, c'est définitif. » Il est sorti puis il est revenu cinq minutes plus tard. Je bouillonnais : « Tu n'as pas compris. Dégage de là, je ne veux pas voir ta gueule. » Il a haussé le ton : « Tu vas te calmer ? Tu te prends pour qui ? » Oubliant ma cheville, je suis descendu de la table et je lui ai mis un coup de genou dans le ventre. Et j'en ai rajouté une couche : « Et que je ne voie pas une seule ligne dans le journal, demain. » J'avais été trop impulsif : j'avais mal à la cheville, nous venions de perdre un match, je n'en pouvais plus de voir sa tronche, j'avais ma dose. Je suis humain après tout…

À l'époque, les journalistes entraient dans les vestiaires, et ils étaient tous là, assistant à la scène. À ceux qui protestaient, j'ai dit de fermer leur gueule. J'étais à bout. Dans le journal du lendemain, ce journaliste à qui ma tête ne revenait pas m'avait mis la meilleure note du match. Quant aux autres, c'est vrai que je les ai eus contre moi jusqu'à mon départ pour Chelsea. Je n'ai pas essayé de les amadouer ni de les courtiser: cela n'aurait servi à rien. Pas plus que face aux harceleurs sur les réseaux sociaux. Je les ai laissés parler et je les ai ignorés: j'avais assez à faire pour rester au mieux de mes capacités sur le terrain.

J'ai revu ce journaliste des années plus tard. J'avais tourné la page du football et je me suis excusé pour le coup de genou. Il s'était apaisé, j'ai pu lui dire la vérité: «Tu m'as fait beaucoup de mal. Beaucoup, parce que je voyais ma mère, qui n'était pourtant pas une grande fan de football, pleurer en lisant ces articles de merde. C'était juste méchant.» Nous avions discuté ce jour-là, calmement. Il m'a dit sa vérité: «Total respect, Frank Lebœuf. Je n'aimais peut-être pas le joueur, mais j'apprécie l'homme.»

J'accepte les critiques. Quand mon entraîneur me dit que j'ai été mauvais, il sait de quoi il parle. Quand d'autres joueurs, de mon équipe ou d'une autre équipe, me le disent, je l'accepte aussi. Je n'ai d'ailleurs même pas besoin qu'ils me le disent: je sais que j'ai été mauvais. C'était un temps où l'on ne prenait pas de pincettes pour se le dire, l'entraîneur pouvait m'engueuler, me traîner dans la boue si je commettais une erreur grossière, mais ce n'était pas pour me détruire, plutôt pour me grandir. Je serais allé à la guerre pour certains entraîneurs, même quand ils me défonçaient, parce que nous avions la même philosophie de jeu, la même ambition, la même cause. C'était beau.

Les autres, ceux qui pullulent aujourd'hui sur les réseaux sociaux de la terreur ? J'estime qu'ils ont juste le droit de la boucler. Et de se refaire un vocabulaire. Depuis quelques années, je commente des matchs, hier sur RMC, depuis 2006 sur la chaîne américaine ESPN. Je n'ai jamais utilisé le mot « nul », qui est tellement à la mode, pour décrire une action ou un joueur. Mais, je peux juger qu'à tel moment, le joueur a été mauvais. On ne peut pas non plus, comme je l'entends de plus en plus, dire qu'un joueur n'a rien à faire sur le terrain – c'est valable pour n'importe qui d'autre, et surtout pour toi à qui cette phrase terrible a peut-être été adressée : si ce joueur, ce comédien, ce cuisinier, est arrivé là, c'est qu'il a les qualités requises.

Je n'ai jamais utilisé le mot « nul ». Mais, je peux juger qu'à tel moment, le joueur a été mauvais.

Ceux qui te démontent sur un feeling n'ont aucun crédit.

J'ai vu des joueurs, démolis par de tels propos, aller jusqu'à changer de club, de pays. C'est une honte pour ceux qui les ont démolis sans avoir aucune légitimité, puis qui sont passés à autre chose, ou plutôt à une autre cible.

Ne te laisse pas démolir, ne te laisse même pas ébranler : cela ne sert à rien. Sur ces réseaux, tu es confronté à des personnes qui essayent d'exister de cette manière parce qu'elles n'ont aucune autre manière d'exister. Elles peuvent avoir des centaines, des milliers de *followers*, et alors ? Ne rentre pas dans ce jeu qui ne vise qu'à créer un monde d'aigris, de jaloux, de revanchards dans le mauvais sens du terme. Ces personnes te voient comme un problème ? Ce sont elles qui ont un problème !

Tu veux exister ? Tu as raison. Mais tu n'as pas besoin de la haine pour exister. Tu vaux tellement plus que ce grand n'importe quoi avec tous les n'importe qui !

À toi de jouer !

- Si tu as confiance en toi, pourquoi écoutes-tu et attends-tu parfois l'avis d'autres qui n'ont pourtant aucune légitimité ?
- Demande-toi d'où vient la critique. Accepte-la si elle émane d'une personne qui sait. Les autres ? Laisse tomber...
- Certains n'existent qu'en critiquant les autres. Prends conscience de leur jeu malsain... et va jouer ailleurs.

9

Être ambitieux n'est pas honteux

Notre passage sur terre est court et certains d'entre nous vont subir, ou accepter de subir, leur vie durant. Certes, nous allons tous finir de la même manière, mais cela signifie-t-il que nous devons «laisser faire» puisqu'il n'y a pas d'autre issue que notre mort? Albert Camus définissait la vie comme absurde: on naît, on meurt. Essaye de la rendre intéressante…

Pourquoi ne pas réaliser nos rêves pendant ce temps que l'on espère le plus long possible? Nous avons des envies, des objectifs, un libre arbitre, bref tout ce qui nous permet d'avancer avec une vision positive de l'existence. N'est-ce pas ce que l'on appelle de l'ambition?

Ce mot a mauvaise presse aujourd'hui. Il suscite des réserves parce que nous le comprenons de travers. Qu'est-ce que l'ambition? Si ce n'est qu'une affaire d'argent, on ne pourra pas dire que j'ai été très ambitieux dans ma vie! En tout cas, cela n'a jamais été ma priorité: en 1988, être footballeur professionnel en France vous permettait, dans le meilleur des cas, d'avoir, en fin de carrière, un joli toit et un magasin de sport dernier cri. Les salaires mirobolants sont arrivés au milieu des années 1990, sous l'effet de la mondialisation. J'en ai bénéficié et c'est tant mieux.

Oui, j'ai été payé : tout travail mérite salaire. J'ai même été très bien payé. À deux reprises, à Chelsea, j'ai demandé à être encore mieux payé, la première fois après avoir gagné la Cup, la Coupe d'Angleterre que le club n'avait pas décrochée depuis des années, et surtout après avoir entendu le président du club s'exclamer « Frank Lebœuf est l'affaire du siècle » – « l'affaire du siècle » avait obtenu un doublement de son salaire. Et l'année suivante, après quatre victoires successives : la Coupe de la Ligue, la Coupe d'Europe, la Supercoupe d'Europe, et la Coupe du monde que j'avais remportée avec les Bleus. J'avais alors demandé un réajustement de mon salaire par rapport à celui de Marcel Desailly qui venait de nous rejoindre. Cela dit, j'ai toujours considéré que j'ai été payé en dessous de ma valeur, bien moins que d'autres joueurs de ma génération, mais accumuler de l'argent n'était pas mon ambition.

Toute ambition, pour se concrétiser, a un fort taux d'exigence. Elle réclame du travail.

Mon ambition était ailleurs. Ce que je voulais vraiment, ce que je sentais dans mes tripes, ce qui était une évidence pour moi, donc mon ambition, était d'aller sur un terrain de football et de tout déchirer. Je ne me suis pas contenté d'en rêver : toute ambition, pour se concrétiser, a un fort taux d'exigence. Elle réclame du travail. Elle demande aussi de ne pas se construire au détriment des autres, en les écrasant. Ce ne serait plus de l'ambition, mais un enfermement malsain dans l'ego. Tu ne te construis pas contre les autres, mais avec toi-même.

Je suis ambitieux, mais je n'ai jamais été devin : je ne sais pas lire l'avenir. Pourtant, pour avancer dans mon ambition, j'ai dû opérer des choix. J'ai eu parfois peur, comme tout le monde, mais j'ai quand même avancé avec confiance. Au pire des cas, j'étais certain que j'avais les capacités de me reconstruire ailleurs.

Je ne crois pas non plus au destin : mon destin, c'est moi qui me le suis bâti. C'était d'ailleurs le titre de mon premier livre, *Destin, quand je te tiens*[1]. Je l'ai construit en fonction des choix que j'opérais avec, pour seul critère, l'objectif que je m'étais fixé : jouer au football et exceller dans mon jeu.

J'ai pris des décisions qui allaient à l'inverse de tout ce que l'on me conseillait, au point que certains étaient persuadés que je manquais d'ambition. Je n'ai pas signé à Reims ou à Auxerre après Meaux – j'aurais pourtant été mieux loti en matière de salaire. Et, au bout de cinq ans à Strasbourg, j'avais des propositions dans des clubs en Espagne et en Italie, mais j'ai opté pour Chelsea dont je ne savais même pas, à cette époque, qu'il s'agissait d'un quartier de Londres.

J'avais mes raisons qui allaient dans le sens de mon ambition. Pourquoi Chelsea plutôt qu'un autre club ? C'est un coup de fil qui a décidé de mon sort. C'était en 1996, je jouais avec l'équipe de France en Angleterre – un match auquel je n'avais même pas participé, Aimé Jacquet ayant opté pour Laurent Blanc pour la défense. C'est là que j'ai reçu l'appel de Ruud Gullit, un immense joueur, Ballon d'or devenu entraîneur, qui reprenait Chelsea en main et qui constituait une belle équipe avec Gianfranco Zola, Gianluca Vialli, Mark Hughes, entre

1. Flammarion, 2002.

autres. Il m'a simplement dit qu'il m'appréciait énormément, que les gens de Chelsea étaient plusieurs fois venus me voir jouer à Strasbourg et qu'il souhaitait que je rejoigne son équipe et son projet. Un appel de Gullit ne se refuse pas : je ne comprenais pas pourquoi une star mondiale me voulait, mais je savais qu'il fallait oser tout lâcher, plier mes cartons et y aller, les yeux fermés.

Ensuite, j'avais une autre raison d'aller en Angleterre : non pas le salaire… mais l'anglais que j'ambitionnais d'apprendre et que je voulais que mes enfants apprennent eux aussi. Sincèrement, l'argent est venu avec, après.

Comme à Hyères, comme à Meaux, comme à Laval, comme à Strasbourg, j'ai continué, à Chelsea, à faire mon boulot, lequel consiste à gagner des matchs.

Je suis ainsi constitué que je ne me donne pas droit à l'erreur, ni sur le terrain ni dans ma vie : je n'aime pas perdre et je suis un mauvais perdant. C'est ce qui m'a poussé à aller jusqu'au bout de mon ambition, mais je reconnais que je n'aime pas laisser l'autre gagner… jusqu'à l'excès. Y compris quand il s'agit de mes propres enfants : je ne trichais que très rarement pour leur donner l'avantage quand on jouait à des jeux de société, je ne faisais pas semblant. C'était, pour moi, une manière de les inviter à faire des efforts pour gagner. Après tout, on ne gagne que si on le mérite ! Je n'allais tout de même pas leur apprendre la vie facile… Bon, j'étais un peu plus conciliant quand on jouait ensemble au football : mon fils et ma fille avaient le droit de « marquer contre Frank Lebœuf ». Je suis un père normal… Avais-je tort ? Avais-je raison ? J'entends les différents arguments, mais j'ai

Je ne me donne pas droit à l'erreur, ni sur le terrain ni dans ma vie. C'est ce qui m'a poussé à aller jusqu'au bout de mon ambition.

toujours considéré qu'en «faisant semblant» pour qu'ils gagnent, même si je consolidais leur confiance en eux, je ne les aidais pas à affronter la vie.

Un an après mon arrivée à Chelsea, il y a eu la Coupe du monde 1998. Mon ambition était évidemment d'aller sur le terrain, mais je savais que la défense de l'équipe de France reposait d'abord sur Laurent Blanc. En somme, malgré mon ambition, je n'étais pas supposé jouer. Je suis pourtant rentré sur le terrain à la fin de la demi-finale, quand Laurent a été expulsé pour un accrochage avec le Croate Bilic. Et j'ai été en finale, avec une énorme pression sur moi : d'une part, j'avais 30 ans (trop vieux, disaient certains...), d'autre part, je n'étais pas censé être là, et je savais que si l'on perdait, j'allais, jusqu'à la fin de mes jours, entendre dire que c'était de ma faute.

On a gagné cette finale et j'y étais, chose que je ne pouvais pas imaginer même dans mes rêves les plus fous. Bien sûr que tu t'en souviens ! Et 1, et 2 et 3-0 ! Et là, tu touches les étoiles un soir d'été...

J'ai passé cinq ans à Chelsea. Les plus belles années de ma vie professionnelle. Puis j'ai quitté le club. Mais cette fois, ce n'est pas par ambition, mais pour me rapprocher de mon père chez qui s'était déclaré un cancer. Être à ses côtés et à ceux de ma mère était plus important, pour moi, que de continuer l'escalade vers un autre sommet.

J'ai signé à Marseille pour le quart du salaire que je recevais à Chelsea et j'y ai passé deux ans. Je me suis donné sur le terrain, comme je m'étais donné à Chelsea. Peu importe si je gagnais moins : cette halte chez moi m'était nécessaire pour continuer à me construire en tant qu'homme, en faisant des choses que j'avais envie de faire.

Je savais, malgré ce qui se murmurait alors, malgré ce que mon âge aurait pu laisser croire, que ma carrière n'était pas terminée. Au fond, le seul truc, c'est d'y croire : et si ça marchait ? Le Qatar m'a effectivement appelé pour une nouvelle expérience de vie que je ne regrette absolument pas.

Je n'ai pas eu de bol, je n'ai pas eu de destin. J'ai travaillé dur parce que j'étais ambitieux, parce que je voulais vivre mon rêve, parce que je veux être heureux le temps de mon passage sur terre, quelle que soit sa durée. Je m'en suis donné les moyens.

Et je reste ambitieux ! Dans ma nouvelle carrière de comédien, que je veux également réussir, dans mon deuxième métier de consultant, dans ce livre que j'écris pour que tu apprennes à avoir confiance en toi et pour que tu réalises à ton tour tes ambitions, dans des tas d'autres projets qui me tiennent à cœur – je sais qu'une vie ne suffira pas à leur permettre d'aboutir tous.

Lance-toi. C'est par ton talent, ta générosité, ta passion que tu seras choisi. Même si tu dois d'abord galérer, continue de regarder les étoiles et de t'en rapprocher, jusqu'à les toucher.

À toi de jouer !

- Tu as le droit de réaliser tes rêves. En fait, c'est plus qu'un droit : un devoir pour toi.
- Tu auras des choix à effectuer. Laisse ton ambition te guider. L'ambition n'est pas malsaine à condition qu'elle ne se réalise pas au détriment des autres, mais à ton seul bénéfice.
- Et si ça marchait ? Permets-moi de te donner un coup de pied aux fesses pour que tu aies le courage et la volonté d'y aller !

10

À quoi sert de tirer un penalty ?

Il y a un adage qui me plaît et qui correspond à ce que je suis : « Qui ne tente rien n'a rien. »

Quand tu es joueur de foot, mais c'est valable pour bien d'autres métiers et, plus largement, pour d'autres circonstances de la vie, tu as un temps très bref pour être sous la lumière et attirer les projecteurs vers toi. Tu vas révéler tes talents de leader.

C'est Mel Gibson qui, dans *Braveheart*, se met en première ligne et fonce en criant « Freedom ! ». C'est le pharaon Ramsès II dont la légende raconte qu'il montait sur son chariot, avec son lion et son chien, et s'élançait devant ses troupes qui le suivaient pour gagner la bataille.

Tirer un penalty est du même ordre. Personne ne t'oblige à te porter volontaire, tu peux rester tranquille à l'arrière et attendre, avec les autres, que ça se passe. Tu peux aussi choisir de monter au front, de montrer ta force de caractère, de prouver que tu es ce leader dont les autres ont besoin à ce moment précis.

Ton équipe te regarde avancer et tu lui dis: «Tu peux me faire confiance et aller à la guerre avec moi.» C'est encore plus vrai quand on joue en extérieur, que l'on n'est pas chez soi, dans son club, dans son environnement, avec ses supporters. On est alors face à 20000, 30000, 80000 personnes, en majorité hostiles, à qui l'on lance: «Je vais vous défier tous en même temps, avec votre gardien.» C'est valeureux, c'est suicidaire, c'est tout ce que l'on veut, mais cela fait partie du boulot.

J'ai pris tout ce qu'il y avait à prendre dans les matchs: les penalties, les coups francs... Dès qu'il s'agissait de marquer un but, je prenais. J'ai pris aussi les sacrifices quand ils étaient nécessaires, j'ai donné des tacles pour que l'adversaire n'aille pas marquer et j'ai pris des cartons rouges, mais cela aussi faisait partie du boulot, de ma vie, de mes obligations à l'égard de mon club, de mes supporters et surtout de moi-même. Puisque j'en ai bavé pour devenir joueur de football, autant, quand je le deviens, jouer pleinement ce jeu dont j'ai rêvé.

«Il n'y a que celui qui n'a jamais tiré un penalty qui ne va jamais en manquer un.»

Un penalty est un vrai challenge, un défi: tu as tout à perdre quand tu tires! Mais, comme le dit l'adage: «Il n'y a que celui qui n'a jamais tiré un penalty qui ne va jamais en manquer un.» C'est dans cet état d'esprit que tu dois y aller pour gagner le respect des autres. Tu dois être prêt à te faire peur. Une fois de plus, si tu ne fais rien, pourquoi veux-tu que quoi que ce soit change? Alors ose le pas en avant. Montre ton caractère, ta personnalité. Tu as tout à y gagner.

Juste avant de tirer un penalty, tu angoisses. C'est le cas avant de prendre une grande décision qui t'engage. Tu as ta part d'hésitation. Tu te demandes si tu dois y aller à gauche ou à droite, tu espères que le gardien en face de toi ira de l'autre côté, tu réfléchis à la meilleure manière de ne pas lui donner d'indices.

Tu as choisi ton côté, celui vers lequel tu vas tirer très fort, à ras de terre. Tu as pris ta décision, ne change pas d'avis : tu n'es pas en train de jouer à pile ou face. La seule fois où j'ai joué à ce jeu et changé de côté juste au moment de tirer, j'ai manqué. Je n'en ai pas dormi pendant deux jours. Je m'en voulais, je ne comprenais pas pourquoi j'avais tiré à gauche, alors que je comptais tirer à droite.

Tu as choisi ? Reste ferme dans ton choix ! Élance-toi dans une course rapide et vas-y. Quand ton pied tape dans le ballon, tu vacilles. Pendant quelques fractions de seconde, tu te maudis : pourquoi t'es-tu précipité pour être le mec qui émerge des tranchées le premier et qui a peu de chances de s'en sortir ? Pourquoi n'es-tu pas resté tranquille à l'arrière, pour assister plutôt que pour agir ? Mais il fallait bien que quelqu'un y aille, et ce quelqu'un, c'était souvent moi.

Certains joueurs d'aujourd'hui sont impressionnants. Tu n'as pas le droit de t'arrêter quand tu tires un penalty : tu dois courir et shooter d'un coup sec dans ton ballon. Eux parviennent à suspendre leur vol et à voir de quel côté part le gardien de but avant d'atterrir et de shooter. Depuis que les gardiens ont repéré leur jeu, c'est moins simple pour eux : ils se plantent de plus en plus souvent. Ne joue pas avec les gardiens ! Tu es là pour un boulot : marquer. Reste ferme dans ta décision, dans tes baskets. Vu la surface que le gardien doit protéger, avec ton ballon qui parcourt 9,5 mètres à 100 km/h au moins, tu as environ 80 % ou 90 % de chances de réussir ton penalty – c'est même un exploit s'il l'arrête. À une condition :

ne pars pas perdant, ne donne pas la main au gardien. Avec cette technique, je n'ai pas raté plus de 5 penalties dans ma carrière sur 50.

On me demande souvent ce que je ressens après avoir marqué ce type de but. En réalité, pas grand-chose sinon un soulagement. J'entends les cris de joie (et les sifflements) dans les tribunes, j'entends le stade exploser, je suis conscient de la liesse, c'est certes une libération. Je suis évidemment content, mais je vais te révéler le fond de ma pensée. Je n'ai pas l'impression d'avoir accompli une action héroïque : j'ai juste marqué un penalty, à 9,5 mètres du gardien de but qui a 7 mètres à surveiller et va recevoir un ballon à plus de 100 km/h. Franchement, le mec n'a pratiquement aucune chance de l'arrêter. Par ailleurs, si je me suis porté volontaire, c'est parce que je savais que je n'étais pas forcément perdant !

Alors oui, je lève la main, je suis content, je vais voir mes copains pour célébrer le but et recevoir leurs félicitations. C'était d'ailleurs un sujet de moquerie de la part des joueurs de rugby qui, même quand l'essai était marqué à la dernière minute, ne félicitaient pas le joueur, estimant, à juste titre, qu'il avait simplement accompli la tâche pour laquelle il était sur ce terrain. Étant claustrophobe, je n'étais pas demandeur d'effusions de groupe exagérées après un but.

De plus, à l'époque où je jouais, nous n'avions pas de préparations de célébration de but comme il en existe aujourd'hui, avec le joueur qui a répété son geste, sort des adhésifs à message de ses chaussettes, balance des messages politiques et des signes pour les jeunes, devant les caméras si possible. Je trouve que c'est n'importe quoi. En tout cas, ce n'est pas mon précepte de célébration.

Ce penalty, ce but, sont de petits accomplissements sur lesquels tu ne vas pas t'arrêter pendant des heures pour t'auto-congratuler. Considère-les comme une normalité dans ta vie – et laisse l'échec être anormal.

Je vais te confier autre chose. Le vrai bonheur, c'est à la fin de la saison que tu l'éprouves. Quand tu es sur ta putain de chaise longue, il y a du soleil, tu bois ta petite bière, et tu fais whaou ! Et là, tu peux te reposer, être content et profiter.

J'ai marqué plus de 110 buts dans ma carrière alors que j'étais défenseur. Dont un paquet de penalties. J'ai même marqué plus de buts que beaucoup d'avants-centres de mon niveau !

Évidemment, il y a des buts qui ont laissé leur empreinte sur moi. L'un en particulier : le plus beau but de ma vie. C'était lors d'une rencontre Chelsea-Leicester, quelques mois avant la Coupe du monde 1998. Nous étions à la 88e minute, c'est-à-dire à la fin du match. J'étais à trente-cinq mètres et j'ai eu le ballon, là, devant moi. C'était une chance que je devais tenter. J'ai visé au mieux, j'ai marqué, nous avons gagné 1-0 un match que nous avions dominé de bout en bout. J'ai d'abord entendu la foule, 33 000 personnes qui attendaient la victoire et pour lesquelles j'avais donné, tout au long de la rencontre, le meilleur de moi-même. Les cris m'ont fait prendre conscience que je venais de réaliser « un truc de fou ».

Ce penalty, ce but, sont de petits accomplissements sur lesquels tu ne vas pas t'arrêter. Considère-les comme une normalité dans ta vie – et laisse l'échec être anormal.

Curieusement, j'ai aussitôt pensé à la presse dithyrambique du lendemain, et aux deux ou trois jours qui suivraient pendant lesquels personne ne me chercherait noise. En revanche, si nous avions perdu le match, nous aurions dégusté… La pression monumentale qui pesait sur mes épaules, comme avant tout match, avant d'entrer dans un stade, est brusquement retombée. J'avais fait le boulot. Après un but pareil, le soir, tu rentres chez toi, tu te poses, tu réalises ce qui s'est passé et tu es le roi du monde.

Mon dernier tir, la dernière frappe de ma carrière, était d'ailleurs un penalty. C'était au Qatar, pour la finale de la Coupe de l'Émir, l'équivalent de la Coupe de France, jouée devant 50 000 personnes, ce qui n'était jamais arrivé dans l'émirat. Les deux équipes étaient à égalité, il a fallu en passer par une séance de tirs au but. J'ai marqué alors que j'avais un gros désavantage : je connaissais bien le gardien en face de moi, il faisait partie de mon équipe l'année précédente et c'est avec lui que je m'étais entraîné aux penalties. Les trois autres joueurs de mon équipe ont marqué eux aussi. Mais le dernier a raté son penalty en voulant s'amuser avec le gardien – il pensait qu'il allait plonger d'un côté ou de l'autre et a tiré au milieu où son ballon a été facilement récupéré.

J'ai été élu « homme du match », mais je n'ai pas savouré mon ultime victoire, ce but que j'avais marqué. J'ai eu envie de gifler ce joueur. L'idiot ! Je n'ai rien savouré du tout : dès que je suis sorti, pour la dernière fois, du terrain, j'ai couru derrière lui et je l'ai insulté dans les vestiaires : on ne joue pas avec un gardien, ni surtout avec mes nerfs. Là aussi, c'était une réaction primaire, mais si humaine, que je n'ai pas pu refréner.

À toi de jouer !

- Le penalty, c'est le fait d'oser. C'est le risque que tu prends quand tu veux révéler ton caractère de leader. C'est le moyen le plus évident d'être dans la lumière.
- Sois un leader, démarque-toi du lot. Monte à l'assaut, accepte ce défi, prends tout ce qu'il y a à prendre.
- N'attends pas les félicitations immédiates, ne perds pas ton temps à t'auto-congratuler : tu n'as fait que ton boulot. Plus tard, tu t'autoriseras à savourer.

11
Des règles et de la liberté

Quand on est joueur de foot, on ne respire pas : on souffre au quotidien. Vue de l'extérieur, notre vie paraît extraordinaire. En fait, elle est réglée à l'extrême : tu dors, tu manges, tu bois football. Bon, il est vrai qu'on a un métier extraordinaire, le métier qu'on aime, donc on en accepte les conséquences. Mais il y a des jours, il faut l'admettre, où tu en as marre de cette discipline de fer.

À mes tout débuts de footballeur, j'appliquais strictement les règles, sans me poser de questions. J'admets que je me suis autorisé quelques libertés lorsque j'ai atteint un certain niveau professionnel qui me le permettait. J'ai attendu le bon moment avant de transgresser.

J'ai la chance d'avoir un bon terrain génétique et je connais mon corps et ses exigences par cœur. J'assimile bien et, au moins en ce qui concerne la nourriture, j'avais ma liberté et j'en ai abusé. J'ai fait toutes les bêtises possibles jusqu'à devenir une insulte à la diététique des sportifs professionnels. Drogué au sucre, j'ai avalé des quantités de gâteaux, du chocolat au lait bien sucré, des brioches… Bonne fourchette, j'avais tous les jours, à mon menu, des platrées de féculents et de pâtes, avec du gruyère plutôt que du parmesan puisque je suis français.

Cependant, ma transgression des règles diététiques s'arrêtait là où ça fait mal : une consommation limitée en viande rouge et en alcools, surtout pas de vin blanc qui met à l'épreuve les muscles et les articulations, à part évidemment une coupe de champagne de temps en temps pour faire la fête. Après tout, je suis un champenois d'origine, « baptisé » au champagne ! Par contre, comme tout le monde le sait, un verre de vin rouge, c'est bon pour la santé !

Paradoxalement, mes règles diététiques sont beaucoup plus strictes aujourd'hui. Je ne me dépense plus autant, je n'ai plus 30 ans, j'ai donc dû me sevrer du sucre sans complètement l'éliminer – je me jette désormais sur le chocolat à 70 % dont je grignote au moins dix carrés chaque soir. J'essaye aussi de zapper le petit-déjeuner pour pratiquer le jeûne intermittent et je ne mets plus de lait dans mon café. Je traque la graisse sur mon corps, sans tomber pour autant dans l'excès : je ne pèse pas ma nourriture comme l'un de mes amis, je ne suis pas non plus dans l'obsession d'un corps sculpté à 7 % de graisse. J'ai l'air humain et j'en suis content !

À Strasbourg, notre équipe était sur la pente ascendante, nous étions tous bons. C'est alors que je me suis permis de m'admettre que je n'aime pas courir. L'entraîneur me traitait de feignasse – et encore, il ne savait pas que lorsqu'il nous demandait de faire trois tours de course dans les bois, je me cachais derrière un buisson au milieu du premier tour, et j'enchaînais avec les autres quand ils en étaient à leur troisième tour. Un autre joueur avait essayé de m'imiter, il s'était fait choper. C'est la vie !

Et puis il y a des règles que j'ai cessé de comprendre. Celles-là, je les contournais sans me dissimuler. Ainsi, notre contrat professionnel nous interdisait la moto de compétition. Dès que j'en ai eu les moyens, je me suis offert une moto : une Harley-Davidson. Elle est puissante, mais elle n'est pas une moto de compétition. L'entraîneur avait essayé de me dissuader de cet achat qui le terrorisait, mais il ne pouvait pas me l'interdire. Je reconnais que j'étais à la charnière entre le permis et l'interdit. C'est pourquoi lorsqu'un accident, sur ma Harley, m'a presque arraché un doigt, j'ai officiellement attribué l'accident à une porte que l'un de mes enfants m'aurait claquée sur le doigt. Cela dit, je n'étais pas fier et j'en ai complètement assumé les conséquences : ce jour-là et les jours qui ont suivi, malgré la douleur, je me suis entraîné et j'ai joué normalement.

Quand tu es footballeur professionnel, tu n'as pas le droit de faire ce que tu veux.

Quand tu es footballeur professionnel, tu n'as pas le droit de faire ce que tu veux. Tous les sports en dehors de ton club te sont interdits, y compris une partie de foot avec des copains. À peine s'autorise-t-on à jouer au golf ! Ton corps est précieux, tu n'es pas autorisé à lui faire courir le moindre risque. Si tu enfreins cette règle, les assurances ne te prennent plus en charge. Autrement dit, tu perds ton job.

J'avoue aujourd'hui que j'ai triché. Je ne pouvais pas supporter cette vie de moine. D'autres en sont capables : Cristiano Ronaldo arrive tous les jours à l'entraînement à 8 heures le matin et il ne s'arrête plus jusqu'au soir. Il va dormir et recommence le lendemain. Grâce à quoi, il a atteint ce niveau extraordinaire qu'on lui connaît. J'aurais pu être meilleur si j'avais suivi cet exemple, mais pour moi, ce n'était pas ça, la vie. Ce que j'étais me suffisait. Je ne voulais pas passer complètement à côté de ma vie.

Je skie depuis l'âge de 7 ans et j'ai continué à skier et même à glisser en monoski, en cachette, à l'époque où je jouais. Heureusement, les réseaux sociaux n'existaient pas et je ne courais donc pas le risque, à chaque minute, de voir une photo de mon incartade être diffusée. J'avais mis au point un stratagème avec mon ex-femme, je n'ai jamais eu besoin de l'utiliser : elle savait que si je me blessais, elle devait me faire redescendre, de n'importe quelle manière, à la station. Et là, j'aurais menti en affirmant que j'avais glissé sur une plaque de verglas. Je ne sais pas si j'aurais pu tenir ce mensonge jusqu'au bout... Et puis, j'étais prêt à assumer ma transgression : si elle m'avait coûté mon contrat, je n'aurais pu en vouloir qu'à moi-même. Mais il n'y a rien à faire : j'avais un jour décidé de devenir footballeur, pas d'arrêter de vivre.

Et puis je fumais, une dizaine de cigarettes par jour, mais j'étais loin d'être le seul ! Beaucoup de joueurs sortaient du terrain, entraient dans le vestiaire et allumaient une clope. La cigarette a probablement influé sur mon souffle, mais j'en plaisante : « J'ai été champion du monde en fumant. Qu'est-ce que cela aurait été si je n'avais jamais fumé : champion intergalactique ?! » J'avais commencé très jeune, à 15 ans, j'ai arrêté à 50 ans. D'un coup, après avoir lu un manuel pour m'aider. J'ai arrêté quand j'ai atteint la dernière page. C'était le 25 janvier 2018. J'aurais voulu arrêter le 22 janvier, qui est la date de mon anniversaire, mais il me restait deux chapitres à lire. La cigarette était mon démon, j'avais essayé d'arrêter à plusieurs reprises, mais toute ma volonté m'abandonnait dès qu'il s'agissait du tabac. J'en avais honte, je me rendais compte que j'étais drogué et je ne supportais pas l'idée de cette dépendance.

En refermant le livre, j'ai demandé à ma femme, Chrislaure, de me laisser seul, j'ai allumé ma dernière cigarette et j'ai pleuré, chose qui m'arrive rarement. La clope m'avait certes pourri la vie, mais je la regrettais quand même. Je n'ai plus jamais fumé, et surtout pas de cigarettes électroniques : les demi-mesures, ce n'est pas pour moi. Sur ce coup, je me suis surpris : le lendemain, ma chérie avait allumé une cigarette devant moi et je n'avais pas été tenté de l'imiter. Je m'étais souvenu de ma mère qui disait « il est réveillé » quand elle m'entendait tousser le matin. D'un coup, j'en avais honte.

En revanche, j'ai très rarement forcé sur l'alcool, mais j'appréciais un verre en boîte de nuit après le match. C'était en principe interdit, et ces virées m'avaient valu des déboires avec les entraîneurs. Quand je sortais des vestiaires bien apprêté, ils me regardaient, suspicieux, et me lançaient : « Tu sors ? » Ma réponse ne variait pas : « Oui, bien sûr que je sors ! Mais je pourrais faire comme les autres et aller me taper une bouteille de whisky chez moi. Vous préférez quoi ? » (À mon époque, on vouvoyait l'entraîneur.) Parce que c'est effectivement ce qui se passait.

Dans la liste de mes aveux, il y a aussi ce pétard que j'avais partagé avec des copains, en vacances, un ou deux ans après la Coupe du monde. Mais, hormis lors de cette soirée, je n'ai jamais touché à des substances illicites : je ne suis pas suicidaire. Un soir, lors d'un after à Los Angeles, j'avais tiré par les cheveux une toute jeune fille, elle ne devait pas avoir plus de 18 ans, qui avait commencé à plonger son nez dans un saladier de coke. Je ne la connaissais pas, je l'avais engueulée : « Rentre chez toi. » Si elle avait été ma fille, je n'aurais pas réagi autrement. Elle est partie en m'insultant, je me suis dit que peut-être un jour, elle me remerciera de l'avoir arrêtée dans cette connerie.

Je ne me suis jamais vraiment battu contre les règles, je n'ai pas réclamé leur levée, je n'ai pas crié au scandale parce que mes contrats m'interdisaient telle ou telle virée. Certes, je les ai parfois contournées, mais en «pleine conscience»: en sachant bien que je n'avais pas le droit de faire tout ce que je voulais.

J'étais attaché à ma liberté, mais une sorte d'instinct de survie m'a toujours empêché d'aller trop loin. Par contre, il y a une règle que je m'étais donnée: ne jamais causer de tort à quiconque au nom de ma liberté.

Quant aux conséquences, j'ai toujours été prêt à les assumer.

À toi de jouer !

- Tu as le droit d'être attaché à ta liberté. Mais tu ne peux pas revendiquer ce droit à tous les moments de ta vie. Repère le bon moment, et attends d'être bien installé pour t'y autoriser.

- Il y a des jours où tu en as marre de la discipline extrême ? C'est normal. Mais si tu vas prendre tes libertés, ne le fais pas au détriment des autres.

- Sois capable d'assumer les conséquences de tes actes. Il ne servira ensuite à rien de venir te plaindre...

12

Si tu ne bouges pas, tu régresses

J'avais 20 ans, j'arrivais au Stade lavallois, et une phrase affichée dans le bureau du président du club m'avait profondément marqué jusqu'à devenir l'une des devises de ma vie : « Quand on ne cherche pas à finir le premier, on termine le dernier. »

Tu n'auras pas l'occasion de tirer des penalties si tu n'as pas accompli au préalable un long apprentissage, si tu n'as pas avancé sur le chemin, un pas après l'autre – ou alors tu tireras des penalties manqués dont tu pourrais largement te dispenser.

En ce qui me concerne, j'ai toujours placé très haut le curseur de l'exigence vis-à-vis de moi-même. J'avais envie de monter tout là-haut, je savais que j'en étais capable, je n'avais pas besoin d'être rassuré et j'étais prêt à me mettre en danger pour y arriver.

Toi aussi, tu sais ce qui te donne envie, c'est-à-dire ce qui te donne des ailes, ce qui donne un sens à ta vie et t'apporte du bonheur. C'est un talent, une passion, un don qui t'appartient et qui ne demande qu'à s'exprimer, à s'épanouir, à se réaliser. Prends garde à un écueil qui peut lui être fatal: l'amateurisme. Le tien ou celui de ton entourage. Sois intransigeant: une fois que tu as identifié cette passion, rien ne doit te freiner dans ton élan, sous peine de le couper net. Une pause, une escale peuvent durer très, très longtemps. Le temps d'une vie entière.

Bouger n'est pas toujours aisé. Si tu ne veux pas stagner, t'engluer à ta place, il te faudra forcément consentir des sacrifices. L'un des plus difficiles est le sacrifice du «back-up», c'est-à-dire la tentation que tu auras de préserver tes arrières. Or, on ne peut pas courir sérieusement deux lièvres à la fois. Ou alors en ayant conscience qu'on n'en attrapera aucun des deux.

Je m'explique. Quand un gamin de 12 ou 13 ans me confie qu'il rêve de devenir footballeur professionnel, je lui dis bravo, mais je lui conseille de continuer à bien travailler à l'école. Il est encore jeune, et ses études seront son back-up s'il réalise que, finalement, le sport professionnel n'est pas à sa portée avec tout ce qu'il implique comme devoirs, comme exigences, comme obligations.

À 16 ou 17 ans, c'est une autre histoire. On est capable de juger de ses propres aptitudes, de peser ses envies et de savoir jusqu'où on est prêt à aller dans le sacrifice pour forger sa vie dans cette passion. Au centre de formation de Toulon que j'ai intégré à 16 ans, une filière spécifique était destinée à ceux qui poursuivaient leurs études de manière classique, dans un collège ou un lycée. Ils ne s'entraînaient pas avec nous mais suivaient leur propre cursus. Ils avaient cette roue de secours «au cas où le foot ne marche pas». Pour l'écrasante majorité d'entre eux, effectivement, le foot «n'a pas marché».

À un moment donné, il faut se donner à fond à son objectif, opérer un choix radical et prendre le risque d'y aller. Il en va de même pour tous les rêves, pour tous les métiers. Tu as une belle voix et tu veux te lancer dans la chanson ? La vie t'a offert ce don. Mais souviens-toi qu'elle l'a aussi offert à d'autres que toi. Vous êtes ensemble sur la ligne de départ d'un marathon. Seuls les plus persévérants atteindront la ligne d'arrivée. Les autres seront dépassés, ils arriveront trop tard ou abandonneront.

J'appelle cela le petit pas du parachutiste : tu veux sauter en parachute, tu as l'équipement adéquat et tu te tiens à la porte de l'avion. Parfait ! Mais tant que tu n'as pas effectué le petit pas en plus pour sauter dans le vide, dans le danger, tant que tes pieds reposent encore sur le plancher, dans l'avion, tu ne pourras pas dire que tu as essayé le parachutisme. Tu y étais presque ? Tu as même vu l'espace se déployer à tes pieds ? Mais as-tu sauté ou non ? As-tu essayé de réaliser ton rêve ? Cela dit, à titre personnel, je vais t'avouer que je n'ai jamais sauté en parachute. J'ai trop peur qu'il ne s'ouvre pas… mais je ne me prétends pas parachutiste.

Une fois que tu as sauté, une fois que tu as choisi, tu dois t'engager malgré les ronces et les épines. La vie est ainsi faite que le Graal ne s'obtient généralement pas par un simple claquement de doigts.

Une fois que tu as sauté, une fois que tu as choisi, tu dois t'engager malgré les ronces et les épines. La vie est ainsi faite que le Graal ne s'obtient généralement pas par un simple claquement de doigts.

Il te faudra te battre, contre toi-même et contre les autres. Quelle que soit l'âpreté de la bataille, tiens debout : nous ne sommes tout de même plus au temps des gladiateurs où l'un devait mourir pour que l'autre survive. Un terrain de football est le théâtre exacerbé de la vie: tu cours derrière ton ballon, tu ne le lâches pas, malgré les sifflements qui viennent de la tribune, malgré l'arbitre qui n'est pas ton ami, malgré l'incertitude de ce qui peut advenir, malgré les joueurs adverses dont le seul objectif est de t'arrêter dans ta course et qui feront tout, y compris recevoir un carton jaune, pour arriver à leurs fins. Malgré tout, tu peux gagner si tu t'es bien préparé.

Afin de ne pas m'arrêter, il m'est arrivé d'être cruel avec moi-même. Je suis persuadé que c'est ainsi que je suis devenu champion du monde. J'ai payé le prix des excès d'entraînements et des terrains qui étaient loin d'être aplanis comme ceux d'aujourd'hui. Cependant, ni mes seize entorses à la cheville droite, ni mes quinze entorses à la cheville gauche, n'ont réussi à me faire manquer un seul entraînement. Pendant dix ans, sur le terrain, mes chevilles ne tenaient qu'avec des straps sous les chaussettes. Je ne sais même pas si j'avais mal: je n'y pensais plus, je jouais comme je pouvais, et je jouais bien puisque je marquais malgré ces chevilles à bout de souffle. J'ai été champion avec 14 % d'élasticité sur un tendon (alors que 12 % suffisent à prescrire une intervention chirurgicale) et une cheville qui se tordait pour rien.

J'ai été carrément trop loin avec une pubalgie, une maladie provoquée par les entraînements immodérés et qui se manifeste par d'importantes douleurs abdominales. J'avais refusé l'opération que proposait un médecin: je ne m'autorisais pas une convalescence longue – et je savais surtout les séquelles que peut avoir cette intervention. Je me suis soigné pendant six mois à coups d'anti-inflammatoires, jusqu'à attraper un ulcère de l'œsophage. Je ne pouvais plus conduire, je pouvais à peine marcher, mais je prenais mes comprimés de telle sorte que ma seule parenthèse viable intervenait à l'heure des entraînements ou des matchs. De toute façon, sur le terrain, tu as tellement de douleurs qu'une de plus ou une de moins ne font pas la différence. Être un sportif de haut niveau est loin d'être une sinécure : la souffrance physique est notre quotidien. Un match, ce sont dix kilomètres de course en moyenne, des coups, des muscles sollicités de manière intense pendant une heure trente sans interruption, une attention de toutes les secondes. Ce sont les entraînements intensifs qui le précèdent, puis qui reprennent aussitôt pour préparer le match d'après. Un pilote d'avion m'avait révélé qu'il n'existe pas de vol se déroulant sans un problème, même mineur. Il n'y a pas non plus de match au cours duquel un joueur n'affronte pas de problèmes. Le sport de haut niveau est mauvais pour la santé, il crée des déséquilibres dans le corps dont on continue de payer le prix des années plus tard.

> Il n'y a pas de match au cours duquel un joueur n'affronte pas de problèmes.

En 1997, je jouais le Tournoi de France et nous avions trois matchs à disputer, contre l'Angleterre, le Brésil et l'Italie. À cette époque, je jouais à Chelsea. J'avais pris l'avion à Londres pour rejoindre le rassemblement à Clairefontaine, mais le vol s'était très mal passé pour moi : enfermé dans les toilettes, je vomissais sans interruption. Sur place, on me traîne dans une chambre où je passe trois jours… avant de repartir jouer contre l'Italie. Nous étions à la fin de la saison et les vacances étaient les bienvenues. Le seul problème est que pendant ces vacances, mon épouse (aujourd'hui mon ex-épouse) m'avait vu souffrir et endurer.

Sur le moment, je lui en avais énormément voulu d'avoir informé mon entraîneur à Chelsea, Ruud Gullit, qui plus est à la veille du premier match de la saison. Ruud m'avait interdit de le jouer et m'avait ordonné de rentrer en France me faire soigner. En voyant ma tête, il avait tout de même précisé qu'il ne s'agissait pas d'une punition.

Je me suis absenté une semaine – durant laquelle l'ulcère a été diagnostiqué et un nouveau traitement mis en place. De retour à Chelsea, j'ai aussitôt recommencé à jouer. Je ne m'autorisais pas à m'arrêter, à stagner, à faire du surplace. J'avais une chance dans mon malheur : mes douleurs se dissipaient quand je jouais – et quand je mangeais. En m'accrochant au-delà de la douleur, j'avais gagné la confiance de tous les dirigeants du club et celle de mon équipe. J'ai peut-être tort, mais je considère que lorsqu'on a choisi une voie, on va jusqu'au bout.

Il te faudra, toi aussi, en vouloir à mort. Sinon, cela signifie que tu n'as pas compris ce monde, ou bien que tu n'es pas fait pour lui. Bien sûr qu'il y a des jours où tu en auras assez. Ces jours où je vomissais d'excès physique à l'entraînement (tu vas tellement au bout de toi-même que tu en gerbes), où j'aurais voulu faire la fête mais que je rentrais me coucher parce qu'il y avait match trois jours plus tard, où je n'avais juste pas envie de me lever de mon lit pour aller courir et shooter dans un ballon sous la pluie. Mais j'y allais. Ces jours où, dans ma nouvelle carrière de comédien, je n'ai pas envie d'aller au théâtre parce qu'on n'a pas rempli la salle, parce qu'un autre acteur est malade ou ne joue pas bien, parce que les problèmes de sonorisation se télescopent avec ceux des costumes ou de l'éclairage. Et pourtant j'y vais.

Ces ronces, ces épines, ne sont pas du pain noir puisque tu es sur le chemin. Elles ne sont que les choses de la vie. Ne les laisse pas te retarder : la lumière t'attend au bout du tunnel…

À toi de jouer !

- Si tu veux aller quelque part, il te faut avancer. Tu n'as pas le temps de t'arrêter : d'autres te devanceront.
- Ce chemin n'est pas pavé de roses. Il est à l'image de la vie. Ne crains pas les obstacles : ils sont faits pour être surmontés.
- Il te faudra te battre pour avancer. Contre les autres sans doute, mais encore plus contre toi-même. Ton plus grand ennemi est l'amateurisme.

13
Mon corps, ma machine

Le sport de haut niveau n'est pas bon pour la santé. Je l'ai appris à mes dépens et je considère que nous sommes, nous les sportifs professionnels, des laboratoires vivants pour la médecine : toutes les contusions, toutes les séquelles se retrouvent à l'extrême chez nous. Car tu ne t'en sors pas indemne quand tu as fait quatre cents têtes à l'entraînement : tu rentres chez toi, et tu ne peux même plus effleurer ton front pendant vingt-quatre heures.

J'ai la chance d'avoir une bonne génétique, j'ai été souvent blessé mais jamais grièvement : des entorses, des problèmes récurrents de ménisque, deux pubalgies, une section complète de mon quadriceps…

J'ai réussi à éviter les opérations en les remplaçant par des exercices et de la musculation, mais ce corps-là a été pour moi l'objet d'une attention de tous les instants. Je le connais par cœur, muscle par muscle, tendon par tendon, il a été mon instrument de travail et il le reste, et je continue de travailler dur pour l'entretenir. Pendant longtemps, je ne l'ai pas aimé, même si j'ai aimé son travail. Il m'a fallu, quand j'ai tourné la page du football, prendre dix kilos de muscle supplémentaires pour me réconcilier avec lui.

Un sportif, on ne le sait pas toujours, ne travaille pas tous ses muscles, mais uniquement ceux qui lui sont utiles. Un peu à la manière du comptable ou du mathématicien qui ne travaille, dans son cerveau, que la partie utile aux chiffres, ou l'écrivain chez qui cette partie, sans être absente, est sous-développée faute d'entraînement intensif.

Un footballeur, du moins à mon époque, n'avait ni pectoraux ni biceps. En fait, il n'avait pas de haut du corps, à l'exception des abdominaux. C'était encore plus vrai à mon poste de défenseur où ma mission était d'être rapide, donc effilé. Mon programme, c'étaient les cuisses et les fessiers, le cardio-training jusqu'à ce que mon cœur dépasse les deux cents pulsations par minute, le travail du muscle jusqu'à la souffrance absolue. Il était établi que si l'on n'avait pas eu mal, très mal, à l'entraînement et après l'entraînement, jusqu'au lendemain ou au surlendemain, cela signifiait qu'on n'avait pas assez travaillé. De fait, par définition, un muscle qui s'entraîne est un muscle qui souffre – il y a, évidemment, différents degrés de souffrance et nous visions le degré le plus élevé. Le principe, qui reste valable pour moi aujourd'hui, était « no pain, no gain », « pas de souffrance, pas de récompense ».

Comme toute machine extrêmement sollicitée, le corps du sportif de haut niveau s'use plus rapidement et demande donc, pour continuer de fonctionner, des « ajustements » permanents. Nous sommes entourés d'équipes professionnelles chargées de veiller sur nous, et elles le font très bien. Mais, à quelques reprises, j'ai pris des chemins de traverse. Pas pour le plaisir de transgresser, ni par simple curiosité de découvrir l'inconnu, mais parce que faute de solutions pour me soigner et me guérir, j'avais été chercher des solutions ailleurs.

Je jouais au Stade lavallois quand notre terrain avait été fermé quelques jours pour des travaux de réfection. Nous nous étions déplacés sur le terrain de rugby voisin. Il portait les séquelles des matchs qu'il accueillait et sa pelouse était particulièrement malmenée. En tapant le ballon, mon pied s'était coincé dans une motte d'herbe et, en plus d'une double entorse à la cheville, mon genou en avait pris un coup.

Dans notre monde rempli de certitudes, je prétends ne rien savoir.

Pour les médecins de l'équipe, outre des bains de glace qui duraient des heures pour soulager la cheville, une opération du ménisque s'imposait. Moi, je ne l'entendais pas de cette oreille. Je souffrais, mais je ne comptais pas, à 20 ans, commencer à être charcuté.

Le département de la Sarthe, où se situe Laval, est le pays de la magie noire et des rebouteux. Pascal Rousseau, un coéquipier qui connaissait bien la région et me voyait souffrir sans que se dessine une issue à ma situation, m'avait proposé de me conduire chez l'un d'eux, réputé pour ses pouvoirs. Dans notre monde rempli de certitudes, je prétends ne rien savoir et je veux laisser une chance au produit. Je l'ai donc suivi.

Nous nous sommes enfoncés dans la campagne sarthoise jusqu'à la maison d'un paysan, mi-magnétiseur mi-rebouteux, qui recevait chez lui, à la bonne franquette et sans rendez-vous. En guise de payement, on lui laissait ce qu'on voulait, ou rien du tout.

Il avait approché ses mains de mon genou, sans le toucher, et s'était concentré cinq minutes. Puis il avait ouvert les yeux et m'avait simplement dit : « C'est bon. » Je n'avais ressenti ni chaleur ni picotements, j'avais toujours aussi mal et, en plus, l'impression d'avoir perdu mon temps. Je lui avais quand même laissé cent francs, une sorte d'acte de charité. Il était 21 heures quand mon ami m'avait déposé chez moi. J'avais mal et j'étais allé me coucher sans même regarder la télévision. J'étais dépité.

Je ne me suis pas réveillé de la nuit – je n'avais pas dormi d'une traite depuis longtemps à cause de ce genou. Au matin, en ouvrant les yeux, je ne pouvais que constater un fait pour le moins intrigant : ma douleur avait totalement disparu. Assis sur le bord de mon lit, je dépliais ma jambe puis la repliais, je guettais cette douleur lancinante qui ne m'avait pas quitté depuis deux mois. Mais il n'y avait rien. Je ne ressentais plus rien.

Je n'essaye pas de m'expliquer ce qu'il s'est passé : ça s'est passé. Je ne pense pas que ce soit un hasard et que mon ménisque ait décidé de se remettre en place ce jour-là, sans crier gare. Je ne pense pas non plus qu'il y ait eu un effet placebo : les médecins qui m'avaient examiné et radiographié avaient exclu jusqu'à la possibilité d'un traitement médicamenteux ; seule la chirurgie, m'avaient-ils affirmé, pourrait m'apporter un soulagement. Alors, peut-être y a-t-il effectivement des choses inexplicables que la science nous expliquera, ou pas, dans l'avenir. Ou bien, c'est une autre éventualité, juste des personnes qui possèdent des dons extraordinaires qui n'ont rien à voir avec la science telle que nous la connaissons. Je suis tenté de croire à cette dernière option…

J'ai souffert au cours de cette même année d'un mal de dos récurrent. Les analgésiques avaient montré leurs limites, mon kinésithérapeute me soulageait tant que j'étais sur sa table, puis la douleur revenait. J'avais tenté l'acupuncture, j'étais même allé voir un chiropracteur, mais j'avais toujours aussi mal.

Sur les conseils d'un autre ami, j'ai consulté un ostéopathe qui avait par ailleurs étudié la médecine chinoise et qui exerçait à Laval. Cette profession était alors très peu connue et je ne savais pas à quoi m'attendre. Surtout pas à son diagnostic : j'avais de vrais problèmes de dos, mais il avait en plus détecté que ma boucle d'oreille me déséquilibrait et que lorsque je l'enlevais, j'avais à nouveau le dos bien droit. Il m'avait conseillé d'ôter définitivement cette boucle d'oreille et, de fait, mon dos est, depuis, bien redressé. Je n'en revenais pas. Je m'asseyais, je me relevais, je marchais normalement !

Je suis devenu un habitué du cabinet de Philippe Boixel. Sa réputation allait grandissante : des patients venaient de loin pour être soignés par lui. Quand j'ai rejoint l'équipe de France, nous étions déjà quelques-uns à le consulter régulièrement, malgré les réticences de l'orthodoxie médicale. Et nous avions mené une bataille, Didier Deschamps en tête, pour que sa présence parmi nous soit officialisée. En 1997, nous sommes ainsi devenus l'une des premières équipes du monde à avoir notre ostéopathe attitré ! Ce fut une délivrance : que de claquages, qui nécessitent habituellement six semaines d'arrêt, ont été réglés en moins de deux semaines, que de douleurs que l'on ne s'explique pas ont été soignées en recherchant leur cause indirecte – par exemple, la classique douleur à la cuisse en réalité provoquée par un plombage inadéquat d'une dent. Ce sont autant de miracles auxquels j'ai assisté et dont je peux témoigner.

Je continue aujourd'hui à consulter régulièrement un ostéopathe. Mon corps, c'est le cas pour tout le monde, reste ma machine et, même si ce n'est plus une Formule 1, et même si j'accepte de vieillir, j'essaye de le maintenir au niveau d'une bonne voiture de course. Ce n'est pas parce que j'ai plus de 50 ans que la machine de guerre qui m'a toujours accompagné va être remisée ! J'ai appris à dialoguer avec cette machine. Mes mollets, mes cuisses, je leur parle. Mon dos aussi, surtout depuis que j'ai eu d'importants problèmes. Lui, je sais que lorsqu'il me fait souffrir, le meilleur remède consiste à enfourcher mon vélo et à m'exercer.

Mon corps reste ma machine et, même si ce n'est plus une Formule 1, et même si j'accepte de vieillir, j'essaye de le maintenir au niveau d'une bonne voiture de course.

Garder sa machine en état de fonctionnement, c'est du travail, évidemment ! De la marche et du vélo tous les jours, du yoga chaque semaine, trois séances hebdomadaires de musculation à haut niveau – je viens de réussir à soulever mon poids, plus de quatre-vingts kilos, en développé-couché. J'ai d'ailleurs un truc infaillible pour aller jusqu'au bout de l'exercice de cardio, des pompes ou des séries d'abdominaux. Je sens que je n'en peux plus, que je vais lâcher ? Je m'autorise à crier, à gueuler pour évacuer la souffrance. Puis je me parle, je me raisonne : « Arrête de te plaindre ! Il te reste quatre minutes... trois minutes... deux minutes... une minute et demie. C'est quoi, une minute et demie, dans la vie ? » Je finis allongé par terre, sans cuisses, sans abdos, sans cœur, mais avec la fierté d'avoir réussi.

Mon but n'est plus de battre des records, mais de rester en bonne santé. Donc je m'entraîne à souffrir, puisque si tu n'as pas l'impression d'avoir souffert pendant ta séance de musculation, c'est que tu n'as rien fait. Et la vie, c'est pareil. Avoue que rouler en permanence sur une autoroute lisse et rectiligne est très ennuyeux ! Tu ne vis vraiment qu'en croisant des obstacles et en triomphant d'eux à la seule force de ton poignet.

C'est alors que tu goûtes au vrai bonheur : celui du pain blanc qui est encore plus savoureux lorsque tu as connu le pain noir.

À toi de jouer !

- Ton corps est ta machine. Ne le néglige pas. Parle-lui, écoute ce qu'il te dit. Il te faudra souffrir un peu pour le garder en état de marche. Ce n'est pas grave : cela en vaut largement la peine.
- De manière générale, les chemins de traverse méritent d'être explorés. Vas-y sans idées préconçues : tu jugeras sur place.
- Je n'ai pas besoin de tout comprendre ; j'ai besoin de voir les résultats.

14

Où est ma place ?

Ne nous faisons pas d'illusions : le monde a changé et ce n'est pas un rôle ou un métier, mais plutôt quatre ou cinq rôles et métiers que tu endosseras dans ta vie. Je préfère le dire en ces termes : tu pourras, dans ton existence, réaliser plusieurs passions, basculer dans d'autres univers, apprendre des choses que l'on n'a pas encore inventées. Tu as de la chance si tu compares ta situation à celle de nos aînés qui, il y a à peine deux ou trois siècles, étaient condamnés, dès leur naissance, à suivre la voie de leur père et de leur grand-père même si elle ne leur convenait pas.

Tu vas développer les qualités de l'adaptabilité. Être encore plus agile, encore plus imaginatif, encore plus astucieux. Être encore plus toi. Tu sais comment on me qualifiait, parce que j'étais ce que j'étais et que je n'essayais pas de tricher ? « 100 % pur bœuf » ! Facile...

Commence à t'entraîner. Là où tu es, à la fonction que tu occupes, n'obéis pas aveuglément : innove de manière positive et crée la différence. Depuis mon passage à Meaux, j'ai systématiquement occupé le poste de défenseur central. On m'avait toujours appris que la fonction d'un défenseur est de défendre, ce qui n'est pas faux, mais je n'ai jamais oublié le temps où j'étais avant-centre. Tout en tenant mon poste de défenseur, je ne me suis pas privé d'effectuer des dépassements de fonction : quand je récupérais un ballon, je ne m'interdisais pas de me projeter vers l'avant pour essayer de marquer. C'est ce qui explique que j'ai été, à Strasbourg, deuxième meilleur buteur du championnat de deuxième division, avec dix-neuf buts marqués dans la même saison. C'est ce qui explique aussi les plus de 110 buts de ma carrière… de défenseur.

Je n'ai jamais oublié l'envie de marquer un but. Elle m'a poursuivi à Chelsea, dans une équipe qui se construisait, où nous étions portés par le vent du changement, par l'aube d'une nouvelle naissance. Et où, non seulement je n'ai jamais été surpris en abandon de poste, mais en plus nous avions la meilleure défense. Il faut dire que de cette façon, je créais un léger déséquilibre entre notre équipe et l'équipe adverse, seul moyen d'amener un but – sur le terrain, si personne ne commet une erreur technique, tactique, physique, un mauvais placement, il n'y aura jamais de but.

> Tu vas développer les qualités de l'adaptabilité. Être encore plus agile, encore plus imaginatif, encore plus astucieux.
> Être encore plus toi.

Je me souviens de mon premier but à Chelsea – et j'en ai encore des frissons. Nous jouions contre Coventry, il y avait une action, je suis monté sur un corner. Le ballon a été dégagé par la défense mais, au lieu de revenir à ma place, je suis resté en attaque. L'un de mes coéquipiers l'a récupéré, centré, j'ai coupé au premier poteau, j'ai mis la tête et j'ai marqué. Tout avait été si vite que je ne comprenais même pas ce qu'il venait de se passer. Au bout de nos quatre premiers matchs, j'étais devenu le meilleur buteur du club.

Ce dépassement de fonction dont j'avais pris l'initiative avait surpris mon monde… et j'ai été aimé par les Anglais. J'ai créé des jalousies, mais je faisais gagner mon équipe : j'ai marqué cent dix buts dans ma carrière, en sept cents matchs. J'ai ensuite été imité, jusqu'à l'excès : on en vient à demander aujourd'hui aux défenseurs d'être des joueurs avec une montée sans doute excessive en technique, et certains en oublient qu'ils doivent surtout défendre. J'ai longtemps détenu le record, je suis désormais le quatrième défenseur au monde ayant le plus marqué.

Avec mes camarades de jeu italiens, nous avions introduit une autre innovation que les Anglais ne pratiquaient pas : les étirements pendant l'échauffement et après les entraînements. Le manque d'étirements, ou des étirements insuffisants, est d'autant plus dangereux que nous n'étions pas bardés de capteurs ni suivis à la trace par des ordinateurs, comme c'est le cas aujourd'hui : il nous fallait nous débrouiller pour protéger nos muscles. Le football était peut-être moins professionnel, j'aime à dire moins robotisé, mais c'était un univers à conquérir. Là aussi, j'avais effectué un dépassement de fonction, mais il s'est révélé utile et a été adopté.

J'ai toujours élargi ma place, mais, attention, sans prendre la place de personne. Arrête de croire que tu dois éliminer l'autre pour réussir, ce n'est pas vrai ! Arrête de te laisser porter par la haine. Dans le football, comme dans tout autre métier, tu vas donner le maximum pour tes couleurs, pour ton club, parce que tu as un salaire et parce que tu te bats pour durer. Théoriquement, tu te bats contre l'équipe adverse – se battre reste un grand mot, nous n'en sommes plus à l'époque des gladiateurs où l'élimination de l'autre était la condition de ta survie, aujourd'hui, il y a de la place pour tout le monde, ou plutôt pour tous ceux qui le veulent.

En réalité, tu te bats d'abord contre toi-même. Contre tes travers, contre ce qui t'empêche de parvenir à l'excellence. Tu te bats comme on taillerait un diamant pour faire émerger l'éclat de la pierre brute.

Tu aimes ce que tu fais ? Ne te repose pas sur tes lauriers. Ouvre de nouveaux horizons, bats-toi, au sens le plus noble du terme, pour étendre ton poste, pour conquérir l'essence de ton métier. Autorise-toi à te déployer : où que tu sois, tu en as toujours la possibilité. Rentre dans ce jeu et tu le constateras de toi-même : ce jeu est amusant.

Tu aimes ce que tu fais ? Ne te repose pas sur tes lauriers. Ouvre de nouveaux horizons, bats-toi, au sens le plus noble du terme, pour étendre ton poste, pour conquérir l'essence de ton métier. Autorise-toi à te déployer : où que tu sois, tu en as toujours la possibilité. Rentre dans ce jeu et tu le constateras de toi-même : ce jeu est amusant.

J'ai changé de clubs comme tu changeras d'entreprises. Dans chaque club où j'arrivais, je trouvais ma place. Je ne me souviens pas avoir jamais eu besoin de ce fameux « temps d'adaptation » avec lequel on nous terrorise. Sans doute parce que je n'ai jamais vécu avec une certitude, sinon celle qu'au bout d'un certain temps, quelques années tout au plus, j'irais ailleurs.

Changer de lieu, retrouver une place et la tailler à ma mesure est un cercle vertueux qui m'a convenu. Il répond à ma philosophie de la vie. Je ne m'en vais pas parce que je suis malheureux, mais parce que j'ai un contrat qui se termine, et puis parce que l'existence est une course contre la montre, une course avant la vieillesse et la mort. J'ai expérimenté cette philosophie comme footballeur. Comme consultant, j'ai commencé ma carrière en France sur M6, puis sur TF1, à RMC et parallèlement sur la chaîne américaine ESPN, où je poursuis cette activité.

Et puis, un jour, j'ai complètement changé, non seulement de place, mais aussi de carrière. J'ai appris un nouveau métier.

À 37 ans, je ne pouvais plus continuer à être footballeur professionnel, il me fallait me reconvertir. J'aurais pu opter pour la voie de la facilité et devenir entraîneur : j'étais suffisamment connu pour y trouver une place légitime et j'aurais été très bien payé. Mais ce que devenait le football ne m'intéressait plus. L'argent commençait à remplacer la passion. D'autre part, j'avais connu l'époque des entraîneurs que nous respections, qui, quelle que soit notre célébrité, notre notoriété, notre carrure internationale, pouvaient nous regarder droit dans les yeux et nous passer un savon ; et nous, nous baissions la tête en demandant pardon. Aujourd'hui, l'entraîneur est roulé dans la fange par des gamins qui, à la moindre entourloupe, à la moindre remarque, inondent les réseaux sociaux de leurs jérémiades et sont prêts à quitter le club dès qu'une offre se présente ailleurs. J'aurais pu être l'entraîneur d'une équipe ; je n'étais pas prêt à être l'entraîneur de joueurs disparates et capricieux.

J'avais surtout un rêve à réaliser que je portais en moi depuis trop longtemps : devenir acteur. Le changement de cap, tu le constates, a été radical. L'idée qu'il était trop tard pour moi ne m'avait pas effleuré : il n'est jamais trop tard. Il me fallait toutefois trouver ma place dans un univers qui ne me connaissait pas – et qui, soyons honnêtes, ne m'attendait pas. J'ai même eu droit à des «mais que fait-il là ? Qu'il retourne au foot» – et d'ailleurs ça continue, certains pensant qu'ils ont le «sang royal» du théâtre, comme si cette profession leur appartenait. Je ne suis pas fainéant mais je n'ai jamais été un monstre de travail. J'ai travaillé dur parce que je voulais y arriver.

Il m'a fallu oser, en inscrivant mes deux enfants à l'école d'acteurs Lee Salzberg Institute, à Los Angeles, demander si les inscriptions étaient également ouvertes aux adultes. Il m'a fallu aller tous les jours, quatre heures par jour, suivre les cours en anglais et comprendre comment développer et exprimer mon ressenti, mes émotions. J'étais assidu. Je me souviens du jour où, debout sur une scène pendant une heure et demie, j'ai répété les mêmes phrases en alternant les tonalités, une fois en terminant ma tirade par «je t'aime», et la fois suivante par «je te hais». J'étais rentré K.-O. complet à la maison. Au milieu de ces contraintes, j'ai grandi en tant que comédien. J'ai fini par arrêter les cours quand j'ai senti qu'il était temps pour moi de me lancer dans le grand bain, d'aller sur le terrain jouer dans des films, dans des pièces de théâtre.

Pour trouver ta place, pour agrandir ta place, pour changer de place, tu vas devoir t'accrocher comme je l'avais fait à mes débuts dans le football, quand je n'avais pas beaucoup d'argent et que je connaissais la valeur de chaque franc. Je n'étais pas malheureux : j'apprenais la vie, je l'acceptais, je consentais à l'épreuve sans jamais douter du fait qu'un jour, je réussirais ma carrière de footballeur. Je voyais cette réussite essentiellement en termes d'accomplissement personnel. On est très riche de cet accomplissement, quelle que soit la voie que l'on choisit.

Toi non plus, n'oublie pas de vivre : tu mérites toujours tellement mieux ! De temps en temps, ouvre les yeux, prends la tangente et un peu de risques, trouve ta place puis élargis-la ou change de place pour avoir l'impression de réellement vivre. Le monde est vaste, explore-le !

En 2015, j'ai joué dans un film anglais de Dominique Burns, *Les Alliés*. L'histoire se déroulait en France, pendant la Seconde Guerre mondiale, et je tenais le rôle d'un résistant. Le tournage avait cependant lieu en Angleterre. Dans l'une des scènes, je suis caché et les soldats anglais me trouvent. Cette scène était floue dans l'esprit de tout le monde et son tournage était laborieux. Au bout d'une dizaine de prises qui nous avaient pris quatre heures, le réalisateur avait proposé que je ne sois pas seul comme prévu dans le scénario, mais en train de discuter avec une femme.

Toi non plus, n'oublie pas de vivre : tu mérites toujours tellement mieux ! De temps en temps, ouvre les yeux, prends la tangente et un peu de risques, trouve ta place puis élargis-la ou change de place pour avoir l'impression de réellement vivre. Le monde est vaste, explore-le !

Une figurante, aspirante actrice, avait été appelée en urgence. Elle n'avait rien à apprendre, ni texte ni mouvements : son rôle consistait à faire semblant de discuter avec moi. La scène a été tournée une fois, deux fois, cinq fois. Puis le réalisateur s'était approché de nous : « Cette prise n'était pas mal, mais nous allons en refaire une autre. » Et là, j'ai vu la figurante soupirer. Ce soupir m'avait mis en colère :

— Excusez-moi, vous êtes actrice ?

— Effectivement. J'ai été appelée en urgence sur ce tournage.

— Et vous soupirez au bout de la sixième prise ?

Elle avait acquiescé, je n'avais pas pu me retenir :

— Vous rêvez de percer dans le cinéma, on vous offre un bout de rôle sur un plateau en or et vous ne supportez pas de reprendre six fois une scène ? Arrêtez tout de suite, ce métier n'est pas pour vous. Vous n'avez que 22 ans et tourner vous fatigue déjà. Écoutez mon conseil, trouvez un autre métier dont vous avez vraiment envie.

Quelle que soit ta place, tu auras à reprendre six fois la prise, à courir trois fois autour du terrain, à recommencer ta tâche. C'est la place que tu voulais ? Tu es sur la bonne route pour l'objectif que tu t'es fixé ? Si tel est le cas, et si tu as envie de réussir, ferme-la et poursuis ton rêve.

Dans ce film, j'étais supposé mourir dans une explosion. C'était une scène compliquée à tourner et nous manquions de temps et de budget. On m'avait choisi une autre mort, plus simple à filmer : par une balle dans la tête. Je regrettais cette modification, mais je m'étais laissé maquiller – le résultat était impressionnant. J'avais enchaîné plusieurs rôles qui se terminaient par ma mort. Je ris encore en me souvenant de la réaction de ma mère découvrant ce film. À brûle-pourpoint, elle m'avait lancé, énervée : « Vas-tu arrêter de mourir, ou quoi ? » Le hasard fait qu'après cela, et pendant plusieurs années, je ne suis plus jamais mort sur scène, ni devant une caméra. J'ai écouté maman...

À toi de jouer !

- Chacun de nous a une place, c'est celle que nous indique notre passion. Cette place, tu as le droit de la développer, de l'imaginer autrement, de la recréer à ta mesure.
- Dans le monde d'aujourd'hui, et plus encore dans celui de demain, il faut non seulement être prêt à changer de place, mais aussi en avoir envie. Heureusement, nos passions sont multiples !
- Une place ne se donne pas : elle se gagne. Ce qui implique d'accepter la traversée d'un certain nombre d'épreuves.

15
N'aie pas honte de pleurer

Jusqu'à l'âge de 10 ans, perdre me mettait dans tous mes états, et mon grand frère était encore pire. Après avoir perdu un match, nous passions toute la soirée à pleurer.

Depuis cette époque, je n'ai jamais pleuré après une défaite: j'avais peut-être atteint l'âge de comprendre qu'on ne pouvait pas toujours gagner. J'ai pu m'en vouloir, ne pas en dormir de la nuit, refaire le match dans ma tête, mais aucune larme ne me vient. Je comprends ceux qui peuvent en pleurer – de rage, de tristesse, de dépit.

En revanche, je me suis toujours interrogé sur les gens qui pleurent après une victoire. Le 12 juillet 1998, quand nous avons gagné notre Coupe du monde, plusieurs joueurs, dont Christophe Dugarry, David Trezeguet et bien d'autres, sans doute la majorité, étaient en larmes. Je ne comprenais pas. Mais peut-être était-ce moi qui avais un problème? Je ne leur en ai jamais parlé, mais j'étais quand même intrigué. Après tout, je ne suis peut-être pas comme tout le monde…

Pour ma part, j'éprouvais un immense soulagement, une fierté intérieure que j'avais envie de partager. J'avais regardé en direction des tribunes et vu mes parents. J'avais appelé mes enfants, nous avions traversé le Stade de France ensemble, en courant, puis je les avais fait rentrer dans les vestiaires. J'étais juste heureux ! Le lendemain à l'aube, après avoir fait la fête toute la nuit, j'avais levé la tête vers le ciel, j'avais regardé les étoiles et je leur avais parlé : « Aujourd'hui, nous sommes avec vous, nous sommes tout là-haut. »

J'avais la satisfaction du travail bien fait. Peut-être que j'ai cet esprit français qui s'acharne à tout descendre, à tout rabaisser ? Ou bien, peut-être qu'à force d'avoir intégré cet esprit, j'ai en moi une grande humilité qui m'empêche de me réjouir de mes réussites au point d'en pleurer ? Je n'avais pas de larmes...

C'est une question qui me tarabuste. Pour moi, on ne peut pas pleurer de joie. Quand on est heureux, on est heureux ! Je venais de m'installer à Strasbourg quand ma fille est née. L'étrange m'avait surpris face à ce petit morceau de chair qui bougeait. Elle avait été placée quelques heures en couveuse, j'étais allé la voir. J'avais glissé ma main dans le manchon et je lui avais tendu mon doigt. Elle l'avait serré. J'avais été remué par cette chose qui m'appartenait et que je devais désormais protéger. J'étais ému, mais j'étais heureux. Je n'avais évidemment pas pleuré ! J'ai revécu la même émotion à la naissance de mon fils : un garçon auprès de son papa, beaucoup en auraient pleuré, moi non. J'étais juste fier d'avoir mon petit d'homme à mes côtés.

> Lutter contre ses larmes pour essayer de paraître fort est un artifice que je ne supporte pas plus que l'artifice inverse qui consiste à se forcer à pleurer pour attendrir son vis-à-vis.

Chaque année, la nouvelle Miss France est baignée de larmes. Pleure-t-elle vraiment parce qu'elle est heureuse ? J'ai eu cette discussion avec Chrislaure, mon épouse qui, elle, avait fondu en larmes quand, à 11 ans, elle avait réussi son concours d'entrée au Conservatoire national de danse et de musique de Paris. Nous avons disséqué ses pleurs, qu'elle appelait « de joie ». Je voulais comprendre. Elle a réalisé qu'elle avait pleuré, non pas de joie, mais de soulagement : brusquement, trop rapidement, elle avait, à cette annonce, été libérée de semaines, de mois d'intense pression.

Lutter contre ses larmes pour essayer de paraître fort est un artifice que je ne supporte pas.

En matière de pleurs, j'ai un modèle : les enfants. Un enfant pleure parce qu'il a mal ou parce qu'il est triste. Il ne pleure pas parce qu'il est heureux. Dans notre monde dominé par les émotions, nous avons inventé ce truc pour les adultes. Pour être crédible, y compris devant un tribunal, il nous est demandé de pleurer. J'ai du mal avec les artifices !

Lutter contre ses larmes pour essayer de paraître fort est un artifice que je ne supporte pas plus que l'artifice inverse qui consiste à se forcer à pleurer pour attendrir son vis-à-vis.

Je n'ai pas pleuré à la mort de mon père. J'étais bouleversé mais je ne me suis pas forcé. Je n'ai pas pleuré lors de sa crémation, non plus. J'ai pleuré quand j'ai été chez lui, avec mon frère, pour ranger ses affaires. Dans son armoire, j'ai vu, bien en évidence, le maillot de la finale de la Coupe du monde 1998 que je lui avais offert. Il avait si bien rangé tous les maillots que je lui avais donnés ! J'ai été remué. Puis je suis rentré dans sa salle de bains. J'ai vu sa brosse à dents. Et là, j'ai explosé en pleurs. J'ai pleuré cet homme qui pensait rentrer chez lui mais qui est mort à l'hôpital, j'ai pleuré la vie qui s'arrête, j'ai sans doute pleuré ma vie qui s'arrêtera un jour.

Il m'arrive de pleurer et je n'en ai pas honte. Mes larmes, je l'ai compris avec le temps, jaillissent quand je me projette dans une situation. Devant la brosse à dents de mon père, j'ai pensé à mes propres enfants qui auront sans doute un jour à trier mes effets. J'ai pleuré de leur chagrin. J'ai revu récemment le film *Philadelphia*. Ce n'est qu'un film, je sais, mais quand les amis d'Andrew Beckett, magistral Tom Hanks, se réunissent après sa mort et revoient le film de sa vie, mes larmes coulent. Et cela fait du bien.

Maintenant que tu apprends à avoir confiance en toi, cesse d'avoir honte d'être ce que tu es. Tu as envie de pleurer ? Je suis un champion qui pleure. Et alors ?

À toi de jouer !

- N'aie pas honte de ce que tu es ni de ce que tu ressens. Tu as du cœur et c'est une bonne chose.
- Tu as envie de pleurer ? Et alors ?
- Aie confiance en toi. L'absence de larmes ne fait pas l'homme (ni la femme).

16
Je déteste l'injustice

La vie est pleine de surprises, et ces surprises ne sont pas forcément bonnes, comme on nous l'a fait croire quand nous étions enfants.

Tu vas devoir te battre pour gagner ta place et puis pour la garder. Tu vas te voir refuser des choses de manière arbitraire, comme lorsque j'ai été viré, avec les onze autres aspirants, du centre de formation de Toulon, un mois avant la fin de notre contrat de deux ans. Quelqu'un avait décidé qu'on ne méritait pas, collectivement, de continuer. Ce n'était pas normal, ce n'était pas juste, mais je ne pouvais pas lutter contre cette décision. Je l'ai considérée comme une parenthèse pour apprendre la vie. Comme une leçon. Ce n'était pas ma vie. Ma vie, elle, allait continuer.

Cette parenthèse-là m'a fait perdre du temps. Elle a déclenché une série de conséquences. Au moment où les aspirants de ma génération terminaient leur formation pour entrer dans l'univers des professionnels, il a fallu que j'aille lever des agglos et vendre des fringues en jouant dans un club amateur. Automatiquement je suis arrivé dans l'univers professionnel avec deux ans de retard. La carrière d'un sportif est courte, et deux années y sont précieuses. À chaque nouveau départ, j'avais, de ce fait, droit à la même réflexion: «Mais il est trop vieux.» Au début, cela me dérangeait, j'avais l'impression de devoir toujours en faire plus que les autres pour prouver que j'étais bon. Puis, à un moment, je n'ai plus prêté attention à ce qui se transformait en nouvelle injustice. Quand les remarques étaient trop nombreuses, je me contentais d'un «fermez vos gueules, j'existe!».

Outre la question de mon âge, j'ai été confronté à un autre préjugé, tout aussi injuste: le mépris si latin pour «les joueurs de foot». Ils sont certes admirés pour leurs aptitudes sportives, mais en dehors de celles-ci, il est établi que leur QI ne va pas au-delà du ras des pâquerettes. Cette vision binaire n'existe pas en Grande-Bretagne où j'ai vécu cinq ans, une période merveilleuse que je vais avoir l'occasion de te raconter. La vérité est que je ne suis pas inculte, mais en France, tant que j'étais footballeur, je ne le disais pas, puisqu'il est entendu que chacun doit tenir sa place: les intellos et les sachants d'un côté, les sportifs et les footeux de l'autre. Or, j'ai toujours aimé lire et me cultiver. Depuis que j'ai rencontré la femme que j'ai épousée après avoir tourné la page du football, j'ai même été obligé de mettre les bouchées doubles: mon épouse est une érudite qui s'intéresse à tout, et il faut bien que je continue à apprendre pour pouvoir lui répondre et m'engueuler avec elle! Même si je continue à adorer paraître stupide.

Tôt ou tard, tu vas toi aussi être confronté à ce que je déteste par-dessus tout: l'injustice. Je pourrais pleurer pour une injustice, ou plutôt pour les malheurs qu'elle risque de générer. En règle générale, je reconnais que j'ai tendance à réagir plutôt vivement. En fait, les injustices peuvent me rendre fou : je ne supporte plus d'être impuissant face à elles. J'ai une empathie, une bonhomie naturelles, j'aime bien aider... mais vient un moment où, même si l'injustice est commise par maladresse ou par bêtise, j'explose. Toi aussi, sache que tu as le droit de dire « stop, ce n'est pas normal ».

L'injustice, sur un terrain de football, ce sont les décisions arbitraires... de l'arbitre. J'ai joué à une époque où la VAR, l'aide par assistance vidéo, c'est-à-dire toutes ces caméras qui filment en permanence le jeu, n'existaient pas. Même aujourd'hui, malgré la numérisation et les technologies, on continue, en plus des lois du jeu, de subir l'appréciation, le ressenti, l'interprétation de l'arbitre qui est censé tout savoir mais qui ne sait évidemment pas tout, ne serait-ce que parce qu'il a une seule paire d'yeux... et que, pour la plupart, ils n'ont jamais joué au foot de leur vie. D'ailleurs, aussi sophistiquée et aidante soit-elle, la VAR n'a pas eu raison d'une règle de base : un arbitre n'est jamais sélectionné dans un match où joue l'équipe de son pays ou de sa ville. Ou alors, c'est qu'il n'y a vraiment plus d'autre arbitre disponible. Pour le reste, il lui est clairement demandé de ne pas favoriser son équipe de cœur. Ce qui signifie qu'il en a le pouvoir, puisqu'il est le patron sur le terrain.

> Tôt ou tard, tu vas toi aussi être confronté à ce que je déteste par-dessus tout : l'injustice. Sache que tu as le droit de dire « stop, ce n'est pas normal ».

Je vais être cash : pour moi, l'arbitre, c'est presque le démon. Que de fois j'ai eu l'impression d'être volé par lui, volé d'une action honnête, d'une victoire à portée de jambe ! Il m'est arrivé de péter un câble, de hurler un « rentre à la maison, on s'en sortira mieux sans toi », mais je me suis le plus souvent rangé à la raison : dans le football, l'honnêteté ne paye pas, il faut faire son cinéma. Un joueur de l'équipe adverse t'a légèrement bousculé ? Si tu restes debout, l'arbitre ne sifflera pas. En revanche, si tu tombes et que tu te donnes en spectacle, comme dans la vie, tu as marqué un point en ta faveur. En tant que défenseur, j'ai surtout subi ce cirque-là.

Mon rôle était de défendre. Donc oui, il m'est arrivé de mettre la main sur l'épaule d'un attaquant, la règle m'y autorise, mais elle m'interdit de le pousser et de le faire tomber. Il est arrivé que cet attaquant en profite pour se rouler par terre afin de chercher un penalty. Je ne comprends pas cette logique. J'étais encore plus stupéfait par l'injustice des commentaires qui s'ensuivaient et qui allaient forcément dans le sens de la défense de la présumée victime, celui qui est tombé : « Lebœuf a mis la main sur son épaule, il l'a touché. » Touché, pas touché ? Mais nous ne jouons pas à chat perché ! Les lois sont claires, mais j'en étais quand même quitte pour un coup franc ou un penalty – contre moi bien sûr.

Que d'injustices sur un terrain de football ! Je me souviens d'un Chelsea-Leeds United où les adversaires me cherchaient. Ils voulaient faire tomber ma défense et, pour cela, me sortir évidemment du jeu. J'avais eu un premier carton jaune – tout à fait mérité, je le reconnais, pour une faute que j'avais commise. En deuxième mi-temps, un joueur, que je n'avais même pas touché, tombe à terre quand je le tacle (sans le toucher, j'insiste) et fait semblant d'être blessé. Je prends un deuxième carton jaune, donc carton rouge, on me dégage. Et en plus, nous étions en train de perdre à 1-0. Excédé, j'essaye de plaider ma cause auprès de l'arbitre, il ne veut rien entendre. Face à cette injustice, j'ai eu une réaction primaire que je ne regrette pas. J'ai regardé le joueur à terre bien dans les yeux et je lui ai écrasé la cheville en lui disant : « Là au moins, tu sais pourquoi tu as mal. » Je ne m'excuserai pas pour ce geste.

Le *board* a voulu m'infliger dix matchs de suspension et vingt-cinq mille livres d'amende. Je me suis défendu : « Je ne supporte pas l'injustice. Vous avez des images, regardez-les. Vous m'avez condamné alors que j'ai juste joué au football. Oui, ma réaction n'était pas bonne, mais elle n'était pas bonne par rapport à quoi ? Elle est intervenue à la suite d'une action qui n'était pas bonne non plus. D'accord, ma réaction n'est pas un bon exemple, je comprends que je sois puni puisqu'il est établi qu'un joueur n'a pas le droit de prendre l'initiative de répondre à un coup et que, depuis la Grèce antique, on nous demande d'être parfaits. Mais je ne comprends pas que le joueur qui m'a attaqué et qui a fait ensuite semblant d'être blessé en soit quitte. Qu'il ne soit pas sanctionné après avoir foutu le bordel me met hors de moi. »

> Face à une injustice, sache que tu es toujours dans ton droit de te défendre. Même si tu ne vas pas avoir gain de cause, prépare d'abord ta défense, puis fais entendre ta voix, donne tes arguments. Ne te tais pas : agis pour essayer de rendre le monde meilleur.

J'avais des arguments, je ne venais pas me plaindre pour me plaindre, je ne faisais pas mon cinéma. J'ai, de ce fait, été entendu, même si ce n'est qu'en partie. J'ai néanmoins été injustement suspendu pendant quatre matchs mais je n'ai pas eu d'amende.

Il m'est arrivé de me dire que j'aurais dû, tout au long de ma carrière, être plus calme, moins véhément. En gros, que j'aurais mieux fait de la boucler. J'aurais peut-être évolué d'une autre manière, plus rapidement, j'aurais été encore plus haut, ma carrière aurait été plus facile.

Ce n'est pas faux mais, pour cela, j'aurais été contraint de forcer ma nature. Or, c'est difficile sur le long terme. Je ne suis pas quelqu'un de réservé, je ne sais pas fermer les yeux, détourner mon regard, rester zen en faisant semblant qu'il ne s'est rien passé. Sans doute mon côté justicier…

Face à une injustice, sache que tu es toujours dans ton droit de te défendre. Même si tu ne vas pas avoir gain de cause, prépare d'abord ta défense, puis fais entendre ta voix, donne tes arguments. Ne te tais pas : agis pour essayer de rendre le monde meilleur. À force de tous nous taire, de tous détourner notre regard, le monde que nous allons laisser après nous ne fera pas plaisir à voir. Face aux injustices, il est interdit de se taire, de faire semblant de ne rien voir, de ne rien entendre. C'est à cette condition que le monde correspondra à ce que nous désirons.

À toi de jouer !

- Tu vas certainement être confronté, dans ta vie, à des injustices. Une solution serait de fermer les yeux. Je ne la choisis pas.
- Il ne te suffit pas de dénoncer, de t'énerver, de crier. Tu dois avoir des arguments, prouver qu'il s'est bien agi d'une injustice.
- N'oublie jamais que tu es toujours dans ton droit de te défendre. Et qu'en dénonçant une injustice, même petite, tu as fait un pas pour rendre le monde meilleur.

17
Le « mec au volant »

Je suis, fondamentalement, un gentil – et je m'en veux parfois de l'être un peu trop. Je respecte les autres, mais j'ai une exigence : en retour, j'attends d'eux du respect. J'ai adopté cette règle de vie alors que je n'étais encore ni connu ni célèbre. Elle m'a toujours paru être une base confortable pour tous les rapports humains. Notre monde est peut-être une jungle, mon exigence de respect n'en reste pas moins intacte.

Je démarrais tout juste ma carrière à Laval quand un autre joueur avait déblatéré à mon sujet. Il était plus âgé, mieux considéré du fait de son ancienneté, mais je ne m'étais pas laissé intimider. Il parlait de moi en public ? C'est en public que je suis allé le voir, en présence d'autres joueurs. J'ai été ferme, j'ai même été menaçant, mais je n'ai pas été impoli et je n'ai pas levé la voix : « Écoute-moi, je vais t'expliquer, lui ai-je dit en le regardant dans les yeux. Tu es en fin de carrière, moi, j'ai 20 ans. Je veux bien te respecter, mais si tu ne me respectes pas, je vais te couper la tête. J'ai galéré pendant deux ans, je ne galérerai plus. S'il faut que je te marche dessus, je le ferai. Tu m'as compris ? »

C'était un coup de bluff, je n'avais aucun moyen de lui « marcher dessus », mais il a pris peur. Les autres joueurs, qui avaient sans doute déjà pâti de lui, riaient : j'étais devenu leur protecteur, leur leader. Lui s'est calmé... jusqu'à ce qu'il me rejoigne, quatre ans plus tard, à Strasbourg. Quand il a intégré l'équipe, j'en étais le capitaine. Je me méfiais de lui, je le surveillais de loin et je l'avais repéré quand il avait recommencé ses manœuvres derrière mon dos. Il voulait récupérer le brassard, il n'y est pas parvenu. Mais avec lui, je suis devenu le vrai « mec au volant », un méchant qui ne laisse absolument rien passer. Il ne fallait pas me faire de crasses...

Or, sur le terrain, à l'époque où je jouais, il n'y avait pas les caméras de surveillance d'aujourd'hui, et les crasses étaient un lot quotidien. Je me suis fait casser quatre fois le nez – j'ai attendu la fin de ma carrière pour me faire opérer et retrouver un nez à peu près correct. Je n'étais pas un enfant de chœur : j'ai moi-même fini par souvent racler mes crampons sur le talon d'Achille de ceux qui me marchaient trop souvent sur le pied. Celui qui me cherchait sur le terrain, me trouvait pendant une heure et demie.

Certains matchs, je peux l'avouer aujourd'hui, étaient de vraies boucheries, en Angleterre plus qu'en France, avec beaucoup d'animosité pour exister, loin du sport un peu édulcoré, aseptisé auquel on assiste de nos jours – c'est sans doute tant mieux, même si on n'ennuie parfois un peu. Le football était un sport de combat, nous étions portés, galvanisés, tendus comme le « mec au volant », et c'est ce qui nous permettait de réaliser des actions improbables qui ont marqué l'histoire du football.

David Beckham m'en a longtemps voulu pour un match Chelsea-Manchester où je l'avais arrêté dans sa lancée en sautant en l'air pour poser mes deux pieds sur le ballon.

Je ne comprends toujours pas comment j'avais réussi ce saut plané. C'était le jour où il avait rencontré Victoria Beckham, depuis devenue sa femme, qui assistait au match dans les tribunes. À la fin du match, nous avions failli en venir aux mains. Nous nous sommes tous les deux excusés des années plus tard, quand nous nous sommes retrouvés à Los Angeles. Nous nous respectons, mais nous ne sommes pas les meilleurs amis du monde...

Je dois l'une de mes plus belles leçons de philosophie de la vie à un chauffeur de taxi auquel j'avais recours quand je jouais à Chelsea. Il était lui-même un supporter d'Arsenal – et on sait la rancœur qui existe, en Angleterre, entre les supporters des différents clubs, notamment ces deux clubs-là. Pour certains, j'étais carrément l'ennemi, y compris en dehors du terrain ! Lui avait posé la distance : « Nul n'est parfait, m'avait-il dit un jour, et vous avez commis une grande erreur en jouant à Chelsea. Vous êtes quand même un super joueur et j'ai du respect pour vous. »

Dans les tribunes, le « mec au volant » était ce gamin de 10 ou 11 ans qui, alors que nous étions en train d'affronter Arsenal en Coupe de la Ligue, m'avait hurlé suffisamment fort pour que je l'entende depuis le terrain : « Fuck you, fuck you ! », assortissant l'insulte du geste typique des Anglais qui lèvent alors deux doigts, l'index et le majeur. C'est un geste historique, une réminiscence de la sanction que l'Angleterre infligeait aux archers français quand ils étaient capturés, puis relâchés après que leurs deux doigts avaient été sectionnés pour qu'ils ne puissent plus jamais tendre un arc. Venant de la part d'un gamin haut comme trois pommes, il m'avait quand même interloqué. Je m'étais adressé à son père, de loin, par un geste interrogatif. Et voilà que ce brave homme se transformait instantanément en « mec au volant », bondissant de sa chaise en hurlant «Fuck you!» et en reproduisant le même geste grossier que son fils.

Ces deux épisodes sont un concentré de la vie. Le chauffeur de taxi ne m'a pas caché le fond de sa pensée, mais je n'ai jamais cessé d'avoir recours à ses services. Le «gamin au volant» qui s'est défoulé n'a rien marqué, il ne m'a rien retiré, il s'est juste défoulé – il ne s'est pas respecté; je l'aurais croisé à la sortir du stade, je ne l'aurais pas respecté non plus.

Je n'ai pas pris la grosse tête avec les compliments, même quand ce furent Tony Blair ou Jacques Chirac qui me les adressaient. Je n'ai pas, non plus, tenu compte de ces insultes stériles qui ne construisent rien, qui ne produisent rien.

En respectant l'autre, c'est d'abord toi que tu respectes.

Je vais te raconter une autre histoire de «gamin au volant» – les futurs «mecs au volant» qui n'iront pas bien loin parce qu'ils confondent le terrain de foot et la vie, ne respectent pas l'autre et donc ne se respectent pas eux-mêmes. Je sortais d'un restaurant, ce gamin s'était précipité vers moi. Pas un bonjour, pas un mot amical. Du haut de ses 12 ans, il m'avait lancé, en me tendant un bout de papier: «Oh, Lebœuf, tu signes?»

En respectant l'autre, c'est d'abord toi que tu respectes.

Inutile de dire que son autographe, il ne l'a jamais eu. Je ne lui avais même pas répondu, je m'étais adressé à son père: «Monsieur, vous allez lui apprendre les mots magiques, parce que c'est important. Ils ne sont pas compliqués: "bonjour", "excusez-moi de vous déranger". Le "merci" sera inutile parce que je ne vais pas signer. Vous allez peut-être me traiter de connard, mais votre gamin apprendra à parler correctement à une personne adulte, indépendamment du fait qu'elle soit célèbre ou pas. Simplement parce que c'est une personne adulte. »

À toi de jouer !

- Ne pas baisser la tête ne signifie pas tout casser, tout brûler. À ce jeu-là, tu ne gagnes rien.
- Il y a des moments dans la vie où tu te retrouves presque obligé de devenir le « mec au volant ». Mais ces moments sont rares et, même dans ces cas, reste un « mec respectueux au volant ».
- OK pour régler son compte au mec qui t'a trop cherché ! Mais avec tous les autres, n'oublie pas que tu obtiendras beaucoup plus en les respectant, même si ce ne sont pas tes amis.

18
N'éteignons pas les lumières !

Depuis 2016, je suis parrain d'Elle's Imagine'nt, une association dédiée à la lutte contre les violences faites aux femmes. C'est normal. Je suis un homme certes, mais j'ai une maman, une femme, une fille, et je me souviens que ma mère m'avait dit une fois : « Si ton père lève la main sur moi, c'est terminé. »

Il y a des mecs qui se prennent pour des durs, mais j'ai toujours pensé qu'un homme qui frappe une femme est un faible. Or, rien qu'en France, 220 000 femmes sont victimes chaque année des violences de leur conjoint ou de leur ex-conjoint, et près de cent cinquante en meurent. Chaque année ! C'est insensé…

Je ne suis pas présent au quotidien dans cette association mais, quand on a besoin de moi, de ma notoriété, je viens. Je m'en suis rapproché en 2016 quand j'ai participé pour la première fois à sa soirée annuelle. Nous étions à peine une dizaine d'hommes et j'en avais été chagriné. J'en ai fait mon cheval de bataille et, à la soirée donnée en 2019, nous étions plus d'hommes que de femmes. J'aime ça.

La question des violences faites aux femmes n'est pas seulement un problème de femmes. Ce n'est pas une affaire que tous ceux qui ne sont pas femmes peuvent s'autoriser à regarder de loin, sans s'impliquer. Moi, je ne m'en lave pas les mains. Je suis méchant avec les hommes qui ne savent pas vivre, qui ne savent pas se tenir. J'en ai connu dans le monde du sport, j'en connais aujourd'hui dans le monde du théâtre, ce sont des porcs et ils me posent problème.

Je suis méchant avec le harcèlement et je ne voudrais pas que cette bataille soit étouffée par un délire émergent, une énorme bêtise que je vois se répandre : les appels à la haine, à la division, à la méfiance et à la séparation. Les violences faites aux femmes sont un sujet très grave. Le règlera-t-on vraiment en érigeant des barrières étanches entre les hommes et les femmes ? En créant deux sociétés parallèles, l'une féminine, l'autre masculine, qui ne communiqueraient plus ensemble ?

J'entends, ici ou là, des appels à manier une nouvelle arme, pour le moins incongrue : cesser d'acheter et de consommer des disques ou des livres dont l'un des auteurs serait un homme. D'ailleurs, comment sait-on si cette musique qui nous plaît tant a été composée par un homme ou une femme ? Et ce tableau, et cette photo, et cette veste ? Et s'ils sont l'œuvre d'un homme, il faut cesser de les aimer ? De quelle manière ? Par un acte de pure volonté ?

> La question des violences faites aux femmes n'est pas seulement un problème de femmes.

Le combat des nouvelles féministes, des femmes qui haïssent tous les hommes, n'est pas un vrai combat, c'est du grand n'importe quoi. Mais vous n'allez pas bien, mesdames ! Vous n'avez rien compris, vous avez tout faux ! Vous ne vous battez pas pour les femmes, mais contre elles. Je veux une femme présidente de la République. Me laissez-vous le droit de voter pour elle ? Mon vote serait celui d'un homme...

Des fossés dangereux sont en train d'être créés, sur toutes sortes de sujets. Sus au partage et à la diversité, clament les nouveaux fossoyeurs !

En France, il y a trois siècles, des personnes extraordinaires, Diderot et compagnie, ont été les instigateurs des Lumières. Par leur courage, ces personnes nous ont autorisés à vivre, à rêver, à choisir, à nous libérer et à avoir du plaisir. Et voilà que des individus d'aujourd'hui, qui ne savent sans doute pas ce qu'est le siècle des Lumières, font tout pour qu'on l'oublie. Pour qu'on revienne cinq cents ans en arrière, quand les sociétés n'étaient que hiérarchies : les hommes, les femmes, les Blancs, les personnes de couleur, les esclaves...

Il faut arrêter le délire : la science nous a prouvé que les races n'existent pas et que nous appartenons tous, les humains, à une même race. Une race unique.

Nous essayons d'avancer pour un monde meilleur, et nous nous arrêtons à des choses anciennes. Je n'ai pas de remède à ce vent de folie qui souffle sur nous, mais je suis catastrophé quand je vois que des gens s'emmerdent encore à parler de religions, de couleurs et même de races. Il faut arrêter le délire : la science nous a prouvé que les races n'existent pas et que nous appartenons tous, les humains, à une même race. Une race unique.

Ce que j'ai dit pour les femmes est valable pour tout. BLM, Black Lives Matter : ce slogan se veut novateur.

Ce qu'il clame est pourtant aussi évident que le fait de dire que la Terre tourne autour du Soleil, que les oiseaux volent ou que les poissons nagent. C'est cependant une cause pour laquelle je veux me battre. Je suis blanc ; ai-je le droit de me battre pour cette cause ? Ai-je le droit d'affirmer que dans nos sociétés, les Blancs restent avantagés, les Noirs désavantagés, et que c'est un scandale ? Je suis un homme, n'ai-je pas pour autant le droit de dénoncer les harceleurs et d'affirmer qu'il est urgent de les arrêter ? Je parle évidemment des vrais harceleurs, pas du mec qui tente sa chance une fois et comprend qu'il n'en a pas cette fois. Le harcèlement est la multiplication des événements.

Je me sens très concerné par les sujets d'exclusion. Ils me bouleversent.

Je voudrais revenir ici sur un événement qui n'est pas un secret : une photo prise à l'issue de la finale de la Coupe du monde 1998, au Stade de France. Nous l'avions enfin, cette Coupe ! Jacques Chirac, président de la République, nous avait rejoints dans les vestiaires et nous faisions la fête tous ensemble. Nous exultions. Puis l'un des joueurs noirs de l'équipe a appelé les autres : « Venez les *brothers*, on fait une photo ! » Je n'ai rien dit, mais j'ai senti une scission qui se produisait au sein de l'équipe, brutale, violente. À ce moment, nous cessions d'être une équipe, un tout ; nous devenions une juxtaposition de groupes différents. Sur l'instant, j'en ai été chagriné, même si je savais qu'il ne partait pas d'une mauvaise intention. Mais il en fallait évidemment bien plus pour assombrir cette soirée magique.

Chacun est parti en vacances de son côté avant de rejoindre son club d'affiliation. Je suis retourné à Chelsea. Quelques semaines plus tard, nous avions fini de courir, je bavardais avec Marcel Desailly, un de mes meilleurs potes. Nous avions remporté la Coupe du monde ensemble, nous étions, ensemble, les *frenchies* de Chelsea. Le manager physique du club, un Jamaïcain, Ade Mafe, nous avait rejoints. Je n'avais pas digéré la photo du 12 juillet 1998. Marcel est un proche, je m'en suis ouvert à lui, abruptement, sans pouvoir me retenir :

— Si je te dis que j'ai trouvé scandaleuse la photo entre Noirs après le match, que me répondrais-tu ?

— Ça va, on était en minorité, me dit Marcel.

J'avais répondu en riant :

— Tu ne peux pas me sortir cette excuse-là !

J'avais besoin de crever l'abcès. Je lui ai révélé le fond de ma pensée qui est peut-être utopique, peut-être trop idéaliste, mais c'est un idéal auquel je tiens parce que je suis attaché à l'idée d'égalité, parce qu'elle me semble aussi évidente, aussi naturelle que le fait de respirer :

— Marcel, veux-tu que je te compte le nombre de Noirs, puis de Blancs, puis de Basques, puis de Bretons, puis d'Arabes, puis d'immigrés, de fils d'immigrés qu'il y avait dans notre équipe ? Et puis quoi encore ? Imagine qu'après le match, j'aie lancé : « Venez les Blancs, on fait une photo ensemble. » Que se serait-il passé ?

Il a ri et m'a juste répondu : « Tu as raison, c'était super con. »

C'est une discussion que j'ai souvent avec un autre ami, Lilian Thuram. Je lui donne toujours l'exemple de ce que l'on appelle les néo-féministes, mais qui sont, à mon avis, une injure à la cause des féministes : « Quand un mec lève la voix pour dire qu'il faut arrêter tous les mecs qui battent des femmes, elles refusent de l'écouter parce qu'elles considèrent qu'il n'a aucune légitimité pour s'exprimer sur ce sujet. Les violences faites aux femmes devraient, selon elles, rester un problème de femmes. De la même manière, s'il n'y a plus que les Noirs qui peuvent parler au nom des Noirs, eh bien ça restera un problème de Noirs. Moi qui suis Blanc, je me sens aussi légitime que toi, Lilian, pour dénoncer le racisme, pour me battre contre cette infection. Je pense même qu'un homme qui dénonce les violences faites aux femmes, ou qu'un Blanc qui s'insurge contre les discriminations dont sont victimes les Noirs, aura une voix qui portera encore plus loin que celle des seules victimes. »

Nous n'avons pas le droit de nous battre chacun dans son coin, chacun pour sa cause. Nous n'avons pas le droit, non plus, de traiter ces sujets graves de manière anecdotique. Je risque de choquer, mais je suis convaincu que ce n'est pas en changeant le titre des *Dix Petits Nègres* d'Agatha Christie ou en cessant d'écouter du Beethoven parce que Beethoven est un homme, que l'on va venir à bout de ces cancers. Nous nous trompons de combats et nous risquons de perdre la guerre. Il nous faut embarquer tous ensemble et y aller pour gagner.

Nous n'avons pas le droit de nous battre chacun dans son coin, chacun pour sa cause.

Ma femme est métisse, mes copains d'enfance dans le sud de la France étaient des fils de Maghrébins, j'ai joué au foot avec des Noirs, des Arabes, des Asiatiques, des Blancs. Je ne me suis jamais posé la question de savoir si c'était un problème ou pas, et voilà qu'aujourd'hui, une nouvelle idéologie que je dénonce nous pousse à nous poser la question. Quelle honte !

On va encore plus loin avec ce que l'on appelle les réunions « racisées ». Mais je croyais qu'il n'y avait qu'une seule race d'humains sur Terre ? Les réunions du Klu Klux Klan sont elles aussi « racisées » et c'est pourquoi elles sont une injure à l'humanité.

Je suis viscéralement contre le communautarisme qui est l'équivalent d'un système de castes et qui implique, par définition, la supériorité d'une communauté ou d'une caste et l'infériorité implicite des autres.

Si tel est le monde d'aujourd'hui, il ne m'intéresse pas. Il me dégoûte.

Il est grand temps de nous réveiller et de passer à l'an zéro après les conneries.

À toi de jouer !

- Nous avons la chance de bénéficier d'un prodigieux héritage : celui du siècle des Lumières. Il nous faut le protéger à tout prix.
- Tu as, pour cela, le droit de te mêler de ce qui ne te regarde pas. Tu es un homme ? Défends les femmes, c'est ta fierté.
- Nous sommes tous égaux. C'est écrit dans la loi, tu dois aussi le graver dans ta tête. Tu n'appartiens pas à une communauté mais à un projet bien plus vaste et bien plus beau : tu appartiens à la race humaine.

19
L'importance de méditer

J'ai été baptisé catholique, mes enfants ont également été baptisés – par tradition plutôt que par conviction, et surtout pour faire plaisir à leur mère qui est, elle, croyante. C'est aussi par tradition que je reste attaché aux symboles de l'héritage chrétien de l'Occident : les sapins et les crèches de Noël, les œufs de Pâques, notre calendrier.

Pour le reste, j'ai pris mes distances avec toutes les religions, et encore plus quand je vois des individus apparemment intelligents s'attacher à la littéralité de textes écrits il y a des siècles, voire des millénaires, et engager des disputes, des querelles, des guerres pour défendre leur point de vue. La vie n'est-elle pas assez compliquée sans que l'on vienne y rajouter ces chamailles ?

Je suis agnostique. Je me pose des questions, j'espère que la mort n'est pas une fin, mais je ne me reconnais dans aucune de ces réponses définitives que veut apporter chaque religion. En fait, je sais que je n'obtiendrai jamais aucune réponse à mes questions, et certainement pas de mon vivant.

Je me dis bouddhiste parce que je ne considère pas le bouddhisme comme une religion, mais comme une opportunité de travail sur soi, une philosophie de vie, de bien-être, de bien penser, de pensée positive. Être bouddhiste de la façon dont je le suis, c'est-à-dire très approximativement, m'a aidé à me calmer. À envisager la vie autrement, plus sereinement.

J'ai rencontré le bouddhisme à Los Angeles. J'étais en plein divorce et ma future ex-femme m'avait proposé de l'accompagner à une conférence du dalaï-lama qui était en tournée aux États-Unis. Je l'ai suivie par curiosité : je sortais d'une période compliquée de ma vie, deux années où s'étaient succédé la mort de mon père, la perte de ma chienne Chelsea, mon divorce en cours, la fin de ma carrière professionnelle. J'espérais des réponses au désarroi que je traversais – et qui m'avait valu une ou deux crises intempestives de panique.

Je ne considère pas le bouddhisme comme une religion, mais comme une opportunité de travail sur soi, une philosophie de vie, de bien-être, de bien penser, de pensée positive.

J'avoue que la conférence proprement dite m'a ennuyé. En revanche, j'ai été subjugué par le dialogue qui s'est ensuivi entre le sage et son public. Il apportait des réponses simples à des questions compliquées. Ou bien, et c'est ce qui m'a encore plus subjugué, il ne répondait pas en expliquant que nul ne pouvait posséder toutes les réponses, ajoutant que l'homme intelligent est, justement, celui qui est capable de dire « je ne sais pas ».

Ce fut, pour moi, une fulgurance. À partir de là, j'ai commencé à m'intéresser à cette tradition. À ma manière : en opérant un tri. Aucune sagesse, aucune doctrine, aucune philosophie ne me dictera chaque détail de ma vie !

Je prends du bouddhisme ce qui me fait du bien dans ma vie quotidienne, ce qui m'aide à comprendre et à surmonter certains obstacles que nous pouvons tous rencontrer. Je ne suis sans doute pas parvenu à un stade de sagesse qui me permettrait de travailler à l'extinction de mes désirs ; au contraire, je cultive mes désirs qui sont le moteur de mon existence. Le jour où je ne désirerai plus rien, il ne me resterait plus qu'à mourir…

Depuis que je me suis rapproché de la philosophie bouddhiste, j'ai intégré la méditation dans ma vie. Il existe mille façons de méditer et j'ai tâtonné avant de trouver celle qui me correspond – et à partir de laquelle j'ai inventé ma propre forme de méditation. Est-elle correcte, au sens doctrinal du terme ? Cette question ne m'intéresse pas : tout extrémisme est, à mon sens, très incorrect ! En revanche, m'est-elle bénéfique ? Mille fois oui !

Chaque matin, avant de me lever du lit, je dis « merci ».

Mes recherches m'ont mené vers Jay Shetty, un ancien moine bouddhiste qui a adapté les techniques enseignées dans son monastère, destinées à développer le souci de la performance, la quête de sens et la paix. Un triptyque précieux pour aborder notre monde d'aujourd'hui. J'ai ainsi adopté le T.I.M.E., acronyme de *Thankfulness Insight Meditation Exercise*, un exercice de méditation sur la gratitude. Depuis, chaque matin, avant de me lever du lit, je dis « merci ».

Adossé à mon coussin, calme, tranquille, parfois après avoir allumé une bougie, je me fixe un objectif pour cette journée qui commence : essayer d'être heureux et surtout d'embêter le moins de monde possible. Je pense que si chacun en faisait de même, notre monde se porterait peut-être un tout petit peu mieux…

Puis j'exprime ma gratitude. Chaque matin, je choisis trois choses : des personnes, des situations, des objets, mes « poilus » (mes chats, mon chien)... et je les remercie spécifiquement, l'un après l'autre. La gratitude, dit Jay Shetty, est la mère de toutes les qualités. Elle nous conduit à apprendre à cultiver l'attention, l'objectivité, l'estime de soi et l'humilité qui sont, ajoute-t-il, les qualités des grands leaders. Cette pratique est une sorte de couche protectrice contre la négativité et la peur, nos pires ennemis.

J'ai un peu plus de difficultés avec l'étape suivante du T.I.M.E. : lire quelques pages, écouter un podcast, apprendre quelque chose de nouveau. Je l'ai déplacée à d'autres moments de la journée quand je m'y livre avec plaisir : je suis très curieux de tout !

Je me concentre ensuite sur ma respiration, avec de longues inspirations, de longues expirations, toujours dans un esprit de gratitude. Il est important de savoir respirer, s'oxygéner ! Peu importe le temps que j'y consacre et qui peut, au gré de mon envie, de mon besoin, aller de deux ou trois minutes à dix minutes. L'essentiel est que je me sente bien, prêt pour l'étape suivante.

Cette étape, c'est celle des exercices. Ma préférée. Depuis saint Augustin au IVe siècle, depuis Descartes au XVIIe siècle, l'Occident a établi une distinction entre le corps et l'esprit. L'esprit, nous a-t-on appris, est noble. Le corps, lui, n'est que matière et il est donc inférieur. En réalité, et les avancées de la science nous l'ont démontré, corps et esprit fonctionnent de concert : ensemble, ils forment une équipe très puissante. Scindés l'un de l'autre, ils se font respectivement du mal. Après avoir apaisé mon esprit avec les premières étapes de la méditation, c'est donc de mon corps que je m'occupe. Ce n'est pas compliqué : j'imite mes « poilus » et je m'étire. Connais-tu un seul chat, un seul chien, qui se réveille et saute de sa litière comme un fou sans s'être d'abord étiré le dos, les membres, et sans avoir pris du plaisir (et tout son temps) à le faire ? Tu ne sais pas bien t'étirer ? Observe-les ; il te suffit ensuite de les copier !

Ma discipline matinale ne s'arrête pas là. J'ai ensuite mon grand moment de méditation : arranger mon lit. Après m'être étiré, je me lève, je rabats ma couverture, mes draps, j'ouvre grand ma fenêtre, je vais prendre, selon les jours, mon café ou un petit-déjeuner assez léger. Quand je retourne dans ma chambre, je fais soigneusement mon lit. C'est un moment sacré pour moi : je ne parle à personne, je ne laisse pas des pensées m'envahir, je suis juste là, à tirer mes draps, ma couverture, à remettre de l'ordre dans le désordre pour bien démarrer ma journée.

Mon rituel matinal n'appartient qu'à moi. Je suis parti d'une trame et, bien que n'étant ni moine ni sage, je me suis fait confiance pour l'adapter à ma personne telle qu'elle est. Il est devenu mon jardin secret. Rares sont les jours où, pris par une urgence, je m'autorise à passer outre. Ces jours-là, je sens qu'il manque quelque chose à mon équilibre, à mon bonheur, à ma santé…

À toi de jouer !

- Ne te laisse pas aveuglément emprisonner par une doctrine : aucun sage, aucun philosophe, aucun fondateur de religion n'est venu sur terre pour te faire du mal dans ta vie quotidienne !
- « Est-ce que ça me fait du bien ? » est la seule question que tu dois légitimement te poser. Tout le reste n'est qu'artifice. De fait, prends des libertés avec des règles que tu considères comme iniques ou qui ne te conviennent pas.
- Invente ton rituel qui, tous les jours, te permettra de mettre de l'ordre dans ton esprit et te rappellera l'existence de ton corps. Essaye, trie, choisis. Fais-en ton moment de sacralité.

20
À quoi sert de travailler ?

Je ne rêvais pas, à l'adolescence, d'être footballeur pour devenir riche et connu : l'argent et la célébrité sont arrivés en sus. Je ne me suis pas non plus lancé en 2005 dans une carrière de comédien et de producteur pour gagner des millions et briller au firmament : dans ce cas, une reconversion dans le métier d'entraîneur m'aurait certainement été plus profitable.

Alors, pourquoi est-ce que j'ai travaillé aussi dur jusqu'à en tomber parfois malade ? C'est une question que je me suis posée pendant des années. Non seulement je m'échinais, allant au-delà de ce qui m'était demandé mais, de plus, j'y trouvais du plaisir, au point de détester le lundi qui, dans les deux métiers que j'ai successivement choisis, le football et la comédie, est un jour de relâche où l'on se repose et où l'on ne fait rien. En revanche, quand j'étais petit, je n'aimais pas non plus les lundis, mais c'était pour la raison inverse : la seule idée d'aller à l'école me plongeait, dès le dimanche soir, dans une tristesse incommensurable.

J'en connais beaucoup qui, devenus adultes, n'aiment toujours pas les lundis. Ce n'est pas qu'ils n'aiment pas travailler, mais ils n'aiment pas leur travail. Ils ne lui trouvent pas de sens. À part leur salaire qui tombe à la fin du mois, ils ne voient vraiment aucune raison valable pour se donner à ce qu'ils ont à faire. La semaine qui s'ouvre les accable.

Je ne suis pas masochiste, j'adore moi aussi prendre du temps pour moi, pour faire la fête, rencontrer des amis ou juste pour ne rien faire. Mais force est de reconnaître que si j'avais été un richissime héritier dispensé à vie de travailler, mon existence aurait perdu de sa saveur. Tous les jours auraient été des lundis…

À quoi sert de travailler ? Une partie de la réponse m'a été apportée par les supporters de Chelsea. Quand j'ai rejoint le club en 1996, il sortait d'une période très sombre : depuis des années, il avait cessé de gagner. Ses supporters lui étaient pourtant restés fidèles : les malheurs du club n'avaient pas rompu le lien très fort, quasi viscéral qu'ils entretenaient avec lui. Londres n'était pas la grande ville internationale que l'on a connue à partir des années 2000. Ses habitants appartenaient souvent à des milieux populaires, ils avaient une vie austère, nos supporters se recrutaient parmi eux et les rencontres du club étaient l'une de leurs rares bouffées d'oxygène dans une vie morose.

Cette année-là, la nouvelle équipe que Ruud Gullit était en train de mettre en place changeait la donne. Chelsea recommençait à marquer. Dans les tribunes, chaque but déclenchait une apothéose, une ambiance de folie. Les supporters nous portaient et nous jouions pour eux. Je me souviens du deuxième but que je leur avais offert. Je l'avais marqué du pied gauche, une petite frappe pourrie mais bien calculée pour contourner le gardien. Je les avais entendus s'affoler, exulter. Sans réfléchir, j'étais allé me mettre à genoux devant leur tribune pour les saluer.

Pour les remercier d'être là. Ma photo, prise de dos, a servi d'illustration de Noël au club. Elle était notre hommage à ceux pour qui on donnait tout ce qu'il y avait en nous.

Nos supporters avaient faim de titres et nous les avons nourris. La première année, nous leur avons rapporté la Cup, la Coupe d'Angleterre. Et l'année suivante, en quatre mois, la Coupe de la Ligue, la Coupe d'Europe et la Supercoupe de l'UEFA – j'étais par ailleurs allé à Paris décrocher la Coupe du monde avec les Bleus. Chelsea était entré dans une autre dimension, et nous tous avec lui.

Si ton patron t'insulte à la moindre erreur, tu n'auras pas envie de te battre pour lui, c'est lui que tu auras envie de battre !

J'ai connu les supporters de nos pays latins qui nourrissent eux aussi un amour aveugle pour leur club mais qui passent autant de temps à l'applaudir qu'à huer et insulter les adversaires. Cela dit, ils huent et insultent leur propre équipe également quand elle n'est pas à la hauteur, et c'est franchement contre-productif. Tu le sais bien, si ton patron t'insulte à la moindre erreur, tu n'auras pas envie de te battre pour lui, c'est lui que tu auras envie de battre ! Or, sur le terrain, quand on joue, on entend les insultes et les sifflements, comme on entend les encouragements et les applaudissements. Nous sommes des professionnels, mais nous sommes humains…

En Angleterre, c'est différent. Le supporter s'intéresse exclusivement à son équipe. Il applaudit, il ne hue pas. Et quand son équipe n'est pas à la hauteur, il se lève sans un mot et s'en va. Cette attitude n'est pas sans conséquences sur ceux qui jouent pour lui. Elle m'a très vite amené à réfléchir.

Nous avons connu, comme tout le monde, des matchs catastrophiques à la maison. J'ai vu, de mes propres yeux, les gradins se dégarnir et le match se terminer devant un stade vide. Là, tu en prends plein la gueule : tes combattants t'ont lâché. Tu es noyé de honte et, dans les vestiaires, j'ai vu aussi des joueurs, baignés de larmes, prêter un serment : « Nous gagnerons la prochaine fois. » Nous étions tristes d'avoir mal joué, tristes d'avoir perdu, encore plus tristes d'avoir déçu ceux-là qui donnaient tout à leur club et qui, le lendemain, affronteraient les sarcasmes de leurs collègues, supporters de l'un ou l'autre des treize autres clubs de la ville.

Toute notre équipe passait le reste de la semaine à s'entraîner, à travailler d'arrache-pied avec une seule envie : se dépasser pour reconquérir ces cœurs qui ne demandaient qu'à battre pour nous. Ils nous respectaient, nous les respections – exactement comme dans la vie de tous les jours. C'est là que j'ai compris qu'en réalité, je jouais pour eux.

Je le savais auparavant, mais de manière inconsciente. J'ai vécu des rencontres Metz-Strasbourg de manière aussi intense que s'il en allait de ma propre vie. Je ne jouais pas pour moi ; moi, le Champenois né près de Marseille, jouais pour toute l'Alsace contre toute la Lorraine. J'étais Alsacien, j'étais transporté par des siècles de rivalité, par chaque supporter qui me regardait et plaçait sa confiance en moi. Je n'étais plus que mon club contre le reste du monde. Ma petite personne se fondait dans un objectif bien plus grand qu'elle. C'est alors que j'étais à mon meilleur.

Je le comprends encore plus aujourd'hui. J'étais, l'autre jour, au restaurant avec mon épouse. Deux hommes étaient installés à la table voisine. Nous en étions au café quand l'un d'eux s'est levé et s'est approché de nous. Il ne voulait visiblement pas nous déranger, il s'est contenté de me glisser : «Merci pour 1998, merci pour ce que vous avez réalisé, merci d'avoir été là.»

La veille, je jouais au théâtre, dans une comédie suffisamment drôle pour faire également rire les acteurs sur scène. À la fin de la séance, quand je suis sorti du théâtre, des spectateurs qui s'attardaient sur le trottoir sont venus vers moi. Eux aussi m'ont dit merci. Merci de les avoir fait rire, merci de leur avoir fait du bien en cette période compliquée, merci de leur avoir, pendant une heure et demie, permis d'oublier leurs soucis. L'un d'eux a ajouté que les billets d'entrée pour cette pièce devraient être remboursés par la sécurité sociale au même titre que les anxiolytiques. J'étais heureux pour eux, heureux pour moi, heureux pour la troupe qui déploie une énergie extraordinaire parce qu'elle est tout simplement heureuse d'être là, sur scène, et de donner du bonheur à ceux qui se déplacent chaque soir pour l'applaudir.

Mes deux carrières cumulées, de footballeur international et de comédien, me valent tous les jours des «mercis», merci pour le moment de bonheur, merci pour le rire, merci pour la joie apportée. J'en aurais presque l'impression d'être un médicament ! J'en suis profondément touché, et j'ai réussi jusque-là à éviter le piège des chevilles qui enflent : je reste heureusement quelqu'un de très simple qui n'a pas oublié d'où il vient. Je veille quand même à y prendre garde quand ces mercis vont trop loin et quand, en référence à certains matchs, à certains buts il est vrai grandioses, on va jusqu'à me remercier d'exister. Je prends alors la tangente par le rire : «Il n'y a que Dieu que l'on doit remercier d'exister, mais on ne sait même pas s'Il existe.» Et je dévie la conversation, je passe à autre chose... pour éviter à mon ego d'enfler et de me déconnecter de la réalité.

Je reconnais cependant que ces remerciements me font terriblement plaisir.

Nous vivons un temps dominé par la quête du bonheur : dans les magazines, à la télévision, sur Internet et les réseaux sociaux, il n'est question que de cette recherche, des conseils dont on nous abreuve pour y parvenir, des belles phrases qui se ressemblent toutes mais qui, au fond, ne veulent pas dire grand-chose.

Comment atteint-on le bonheur ? Avec le recul, j'ai réalisé que je me suis accompli quand j'ai « servi », c'est-à-dire quand j'ai été utile aux autres : leurs rires, leur joie, leur satisfaction, leur soulagement ont été autant de briques dans mon accomplissement et m'ont poussé à me donner davantage dans mon métier. Footballeur ou comédien, j'ai toujours travaillé pour mon public…

Mes enfants étaient encore à l'école quand je les serinais avec le même conseil : peu importe le métier que vous choisirez, peu importe l'argent que vous gagnerez, l'essentiel est que vous trouviez votre voie, celle où vous allez vous réaliser. Tout le monde a des passions, il importe de s'accorder le temps de les découvrir pour ensuite les cultiver. Le Graal est de savoir pourquoi tu es sur terre et à quoi tu vas servir.

Comment atteint-on le bonheur ? Avec le recul, j'ai réalisé que je me suis accompli quand j'ai « servi », c'est-à-dire quand j'ai été utile aux autres : leurs rires, leur joie, leur satisfaction, leur soulagement ont été autant de briques dans mon accomplissement et m'ont poussé à me donner davantage dans mon métier. Footballeur ou comédien, j'ai toujours travaillé pour mon public…

Ne panique pas : tu peux prendre ton temps. L'un de mes enfants, qui a découvert sa passion, sait qu'il a besoin d'un délai pour que son projet prenne forme. Je pourrais l'aider financièrement mais je n'ai pas envie de le faire : si je lui rendais la vie trop facile, ce ne serait pas un cadeau, il ne saurait plus ensuite trouver son pain blanc. Or, je tiens à ce qu'il soit fier de sa vie, comme je suis fier de la mienne. Pour gagner quelques sous, il est devenu livreur à vélo. Il pédale sous la pluie, en période de canicule, au milieu des voitures. Je ne l'ai pas entendu se plaindre parce qu'il sait pourquoi il travaille : cette expérience de vie n'est pas, pour lui, une fin en soi, mais un pas vers la lumière. Il travaille avec bonheur, et cela se ressent.

Nous avons tous la faculté, probablement aussi le devoir, de devenir des « médicaments » pour soi et pour les autres. Le jour où tu cesses de te demander « à quoi sert de travailler ? », ce jour-là tu as trouvé la clé.

À toi de jouer !

- Tu vas avoir à travailler tous les jours. Si ton travail n'a pas de sens pour toi, si tu n'es pas porté par lui, ta vie risque de se transformer en calvaire.
- J'ai mis du temps à comprendre le sens de mon métier – celui de footballeur puis celui de comédien. Je n'ai pas été porté par l'argent ni par un besoin de célébrité. En fait, c'est pour mes supporters puis pour mes spectateurs que j'ai toujours joué.
- Chacun d'entre nous est sur terre pour servir à quelque chose. En te révélant à toi-même ta passion, tes passions, tu sauras à quoi tu sers.

21
Ambassadeur, une drôle de fonction…

À Strasbourg, j'étais considéré comme un très bon joueur et c'est pourquoi, dès ma troisième année, j'avais été appelé à rejoindre l'équipe de France. À Chelsea, au bout de quelques matchs durant lesquels nous avions enchaîné les victoires, je suis devenu un joueur international. Mais attention : en restant toujours « 100 % pur bœuf ». Sur ce point, je n'ai jamais changé.

J'avais évidemment déménagé à Londres avec ma famille. Mais je laissais derrière moi une déchirure : mon chien Jupiter, un terre-neuve que nous avions adopté quelques mois plus tôt. Un amour de chien. Il n'avait pas pu nous suivre parce qu'à l'époque, la Grande-Bretagne imposait une quarantaine de six mois, dans un chenil, aux animaux qui entraient sur son territoire, même s'ils disposaient de tous les documents nécessaires et d'une vaccination à jour. Et certains en mouraient. Or, je revenais souvent en France avec ma famille, et il était hors de question que Jupiter croupisse en quarantaine, ou *a fortiori* qu'il y passe sa vie au rythme de nos allers et retours. L'éleveur qui me l'avait donné était prêt à le reprendre et j'étais rassuré de savoir que Jupiter retrouverait sa propre famille, sa grand-mère et sa mère qui vivaient chez cet éleveur.

Cette blessure a mis beaucoup de temps à cicatriser. Il n'était évidemment pas question pour moi d'adopter un autre chien en Angleterre : le même problème de quarantaine continuerait de se poser. J'en étais profondément malheureux : j'ai toujours vécu entouré d'animaux, mes « poilus ». Et j'étais décidé à trouver une solution, je ne savais pas laquelle ni comment.

J'ai eu une sorte d'illumination lors de la venue, pendant un entraînement au club de Chelsea, de Tony Blair, alors Premier ministre, et Alastair Campbell, le porte-parole du gouvernement. Je les regardais de temps en temps, du coin de l'œil : ils étaient enthousiastes – même si je savais que le cœur de Blair penchait pour le club de Newcastle.

À la fin de notre entraînement, je m'étais ouvert de mon idée à Marcel Desailly avec qui j'avais souvent partagé ce souci : « Je vais leur parler de l'affaire du chien. » Marcel avait éclaté de rire et m'avait dit que j'étais complètement malade. Il en fallait plus pour me faire lâcher le morceau face à l'opportunité unique qui se présentait.

J'ai toujours vécu entouré d'animaux, mes « poilus ».

Tony Blair et Alastair Campbell nous avaient effectivement rejoints pour nous rencontrer. Tous deux parlent un excellent français, je leur avais poliment dit bonjour et demandé s'ils avaient une minute à me consacrer. Ils étaient très aimables, je n'y suis pas allé par quatre chemins : « Excusez-moi. Je ne comprends rien à la politique, ce n'est pas mon truc, mais je voudrais un chien pour ma fille. Et puis, sincèrement, pour moi. Mais comme on voyage souvent, franchement, avec votre quarantaine pourrie, je ne peux pas avoir de chien. »

Je craignais leur réaction, Alastair Campbell avait éclaté de rire : « C'est énorme ! » Les deux hommes se gondolaient, et moi j'insistais, plaidant ma cause. Et Campbell d'ajouter : « C'est tellement français ! » Là, j'avais été piqué à vif : « Je suis très très fier d'être français. Je suis très très fier de jouer en Angleterre et très très fier de défendre les couleurs de Chelsea. Mais cette affaire est insupportable. »

J'y étais allé cash, mais je savais aussi que j'avais une position et une stature me permettant de le faire. Je n'aurais pas réagi si le Premier ministre britannique m'avait donné une fin de non-recevoir, mais ce ne fut pas le cas : j'avais été invité à poursuivre la conversation autour d'un thé au 10 Downing Street, le siège du chef du gouvernement.

Je ne savais pas que le sujet avait déjà été abordé par l'épouse d'un diplomate anglais, Lady Fretwell, qui nous avait rejoints pour ce thé. Nous nous sommes battus, nous avons eu des discussions passionnantes avec les autorités britanniques et, depuis février 2000, chiens, chats et un certain nombre d'autres animaux de compagnie, munis d'un passeport, d'un carnet de vaccination à jour et d'un certificat de bonne santé, peuvent entrer en Grande-Bretagne sans passer par la case quarantaine. J'ai bien fait d'oser ! D'oser et d'y croire !

Le jour même, Chelsea a rejoint notre famille. Je m'étais battu pour elle ! Elle n'a pas vécu très longtemps : elle nous a quittés en 2005, quand j'étais en poste au Qatar, victime d'une crise d'épilepsie, victime de l'absence de vétérinaire.

Ce combat politique que j'avais mené pour un chien m'avait rapproché de l'ambassadeur de France à Londres, Daniel Bernard. La crise de la vache folle nous avait encore plus rapprochés. La France avait interdit les importations de viande anglaise, et les Anglais n'étaient pas contents. Soucieux de trouver une solution, Tony Blair actionnait tous les leviers possibles. Ce joueur français, idolâtré en Grande-Bretagne qui, en plus, s'appelait Lebœuf, a été l'un de ces leviers.

Blair m'avait appelé pour me proposer une interview croisée, sur le mode de l'apaisement, dans un tabloïd à fort tirage, *The Daily Mirror*, où je raconterais les échanges permanents entre nos deux pays. Prudent, j'en avais informé l'ambassadeur Bernard qui, sur le mode de la plaisanterie, me surnommait «l'ambassadeur bis». Drôle de boulot que celui d'ambassadeur ! Je sentais, en lui parlant, que je mettais le doigt dans un bourbier. Effectivement, il me demanda de réserver ma réponse et d'attendre son appel.

Quelques minutes plus tard, mon téléphone sonne. Je décroche. «Allô Frank ? C'est le président. Je viens d'apprendre par notre ambassadeur que Tony Blair vous a contacté. Il faut faire très attention. C'est la France !» Ce n'était pas une blague : le président de la République française, Jacques Chirac, avait décroché son téléphone pour me parler de vache folle ! Il me demandait surtout de garder l'ambassadeur informé de toute initiative que je pourrais prendre.

J'avais été autorisé à donner cette interview. Je n'avais aucune donnée politico-diplomatique en ma possession, cette affaire me dépassait complètement mais j'avais fini par demander des explications à l'ambassadeur Bernard qui fut encore plus énigmatique : «Frank, tu sais très bien que nous ne sommes pas tout seuls sur la ligne.» J'ai ouï dire, par la suite, que j'aurais été gentiment surveillé quelque temps par les services secrets britanniques, «pour ma protection».

Après cet épisode, j'avais quand même tenu à mettre les points sur les *i*: certes, le titre (non officiel) d'ambassadeur bis m'amusait, j'étais également tout à fait prêt à mettre ma notoriété au service de la France, mais ces bisbilles politiques n'étaient pas ma vie. Après tout, je n'étais qu'un joueur de foot qui avait réussi parce qu'il avait bien fait son boulot.

Du fait de cette notoriété, *The Times*, le prestigieux quotidien britannique, m'avait confié une chronique bimensuelle. Elle était attribuée chaque année à un sportif différent, je l'ai conservée trois ans, de 1997 à 2000. C'était une vitrine extraordinaire! Au fil du temps, je prenais de plus en plus de libertés, parlant parfois de football, mais le plus souvent de beaucoup d'autres sujets qui me tenaient à cœur. Avant la Coupe du monde 1998, je l'avais dédiée aux Français pour leur dire, en substance: «Ne vous inquiétez pas, tout va bien se passer.» Je n'en savais évidemment rien mais j'ai ainsi gagné une réputation d'oracle. Je suis surpris de mon audace passée: pour le dire trivialement, j'y suis allé au culot. Je n'avais jamais écrit dans un journal, j'ai relevé le challenge et j'en ai finalement été tout à fait capable. Ne te sous-estime jamais!

Après tout, je n'étais qu'un joueur de foot qui avait réussi parce qu'il avait bien fait son boulot.

Cela dit, en 2019, je suis quand même devenu ambassadeur. Ambassadeur de l'œuvre nationale du Bleuet de France qui soutient l'association nationale des anciens combattants et victimes de guerre, c'est-à-dire tous ceux qui se sont battus pour nous, pour notre liberté. C'est un immense honneur qui m'a été accordé, moi qui, dans toutes les décisions que j'ai prises tout au long de ma vie, n'ai jamais eu à frôler la mort ni à craindre pour mon existence et celle de mes proches. Le pire qui me soit advenu, la honte suprême est d'avoir, une fois ou deux, marqué un but contre mon camp. Sur le moment c'était terrible, pour moi, pour mon club, pour mes supporters, mais franchement, quelques jours plus tard, j'avais déjà oublié. Eux ne pouvaient jamais oublier.

Nous nous plaignons, nous gémissons qu'il est dur d'avoir 20 ans. Eux, à 20 ans, allaient à la guerre dans les pires conditions sans desserrer les dents. Comment osons-nous nous plaindre, et de quoi exactement nous plaignons-nous ? De petits couacs qui ne sont même pas du pain noir et qui nous plongent en soi-disant dépression ? Ce discours me vaudra sans doute d'être vilipendé de tous. Peu m'importe : je sais, depuis suffisamment longtemps, qu'on ne peut pas être aimé de tout le monde. Je suis même prêt à passer pour un « vieux con ».

Après tout, comme je le dis souvent, celui qui ne tire pas de penalty ne peut pas les manquer ; celui qui n'a pris aucune décision ne risque pas de se tromper ; qui ne tente rien n'a rien. Assemble tout cela et pose-toi une seule question : je fais quoi de ma vie ?

À toi de jouer !

- Rien n'est impossible, rien n'est irréalisable. Tu peux parvenir à tes fins si tu n'agis pas dans la précipitation et si tu n'avances pas un pion avant de jauger la situation dans son ensemble. Une brèche existe toujours.
- Tu as le droit de parler à tout le monde, même à un Premier ministre ou à un président de la République. Mais il faut savoir quand et comment le faire et ne pas oublier où tu te situes et où se situe l'autre. Une première règle : apprendre la politesse.
- De quoi te plains-tu exactement et qu'as-tu fait, concrètement, pour que ta situation évolue ?

22

La célébrité n'est pas toujours bonne à prendre

Je n'ai pas cherché la célébrité, je n'ai pas couru derrière des émissions de téléréalité, je n'ai pas embrassé la carrière de footballeur pour être connu. J'ai joué au foot parce que j'aimais le foot. La célébrité a été le bonus inattendu que je dois à l'ouverture des frontières, à l'internationalisation du sport, et puis évidemment au fait que je savais jouer et que j'ai réussi à gagner quelques jolies coupes. La célébrité est venue en bonus, sans que je ne m'en rende vraiment compte.

Au début, c'est très amusant : tu peux appeler un restaurant en dernière minute et avoir tout de suite une table, juste parce que tu es Frank Lebœuf, aller en boîte et t'installer naturellement dans le carré VIP. Dans le monde entier, tu es accueilli comme une rock star, depuis l'aéroport où tu es reçu par des fans brandissant des banderoles « Frank I love you ». En déplacement en Thaïlande avec le club de Chelsea, nous avions chacun notre garde du corps. À Hong Kong, un hôtel avait été privatisé pour l'équipe et nous nous entraînions au sommet de la tour pour ne pas être dérangés. J'ai connu tout ceci, c'était merveilleux, mais il me manquait une chose essentielle: aller me promener dans les rues de Hong Kong au lieu d'être enfermé dans cette tour. Me promener en Thaïlande sans être «gardé». Partir à l'aventure, être comme tout le monde. Je voulais humer la ville, découvrir les échoppes, voir les habitants, les boutiques, les gens, la vie.

Je ne vais pas cracher dans la soupe. Grâce à ma célébrité, j'ai connu des moments incroyables, telle cette soirée caritative que je parrainais, avec la princesse Anne d'Angleterre, pour l'association Save the Children. Nous étions au musée d'histoire naturelle, au milieu des dinosaures. J'avais offert l'un de mes maillots et je voyais les enchères s'envoler jusqu'à atteindre des sommets indécents. Oui, j'étais fier de moi, de mon parcours, je savourais ces instants et je suis heureux qu'ils aient fait partie de ma vie. Mais heureusement que j'ai ancré en moi cette tendance bien française à me dénigrer et qui m'a empêché de trop avoir la grosse tête!

Je reste sur la phrase de l'abbé Pierre: «Si tu veux faire une farce à un copain, offre-lui la célébrité.»

Et puis il y a le côté sombre de la célébrité.

Les paparazzis à tes trousses (j'ai la chance d'avoir échappé à l'ère des réseaux sociaux) et ta photo en couverture d'un magazine people dès qu'une fille vient t'aborder – et qu'elle vend ensuite le «scoop». L'impossibilité de sortir tranquillement acheter ton journal ou de prendre ton café, comme tout le monde, au bistrot du coin.

Oui, peut-être que les fans m'adoraient, peut-être qu'ils voulaient tous me parler, me toucher. Mais je reste sur la phrase de l'abbé Pierre: «Si tu veux faire une farce à un copain, offre-lui la célébrité.»

À Londres, je bénéficiais d'un avantage : les mœurs anglaises. Je pouvais aller au restaurant et déjeuner sans être interrompu mille fois pour des selfies ou des autographes, je pouvais faire mes courses au supermarché et circuler tranquillement entre les rayons. Les fans attendaient à l'extérieur et, quand je sortais, ils s'excusaient de me déranger et me demandaient le selfie ou l'autographe. J'étais même autorisé à refuser, chose impensable dans les pays latins où, si tu ne t'exécutes pas, si tu n'as pas envie, ce jour-là, d'être pris en photo, on t'insulte.

Le grand risque de la célébrité est de se laisser enfermer dans une tour d'ivoire. De se déconnecter de la réalité. C'est une pente sur laquelle on peut très facilement glisser, sans même s'en rendre compte. La Coupe du monde m'a permis d'ouvrir les yeux et d'éviter cette glissade.

En effet, les semaines qui ont suivi la victoire ne ressemblaient en rien à ce que j'avais pu connaître jusque-là. D'autant plus qu'après cette victoire, je suis resté en France pour des vacances bien méritées. Une envie de bains de mer à Ajaccio s'était soldée par une fermeture de la plage : des milliers de personnes avaient déferlé pour un autographe, j'avais dû partir. La remise d'une médaille par le maire d'Ajaccio avait créé une cohue devant la mairie où j'étais entré, encadré par une haie d'honneur en habits napoléoniens. Et j'avais même eu le privilège, à la mairie, de m'asseoir sur le fauteuil de Napoléon, derrière son bureau ! Et j'ai eu l'immense honneur de recevoir la médaille de la ville d'Ajaccio…

Je m'étais bien sûr rendu à Saint-Cyr-sur-Mer, la bourgade de six mille habitants où j'avais grandi et où j'avais appris à jouer au football. J'imaginais une rencontre intime avec mes vieux copains ; dix mille personnes avaient envahi les rues. Il faisait chaud, j'étais stressé par l'affluence, je n'avais plus qu'une envie : partir. Mes vieux copains, de classe, de football, n'étaient pas là. Ou, du moins, ils n'étaient pas venus me parler. Ceux que j'avais vus me regardaient de loin, avec des yeux d'enfants. Mon ex-épouse les avait croisés le lendemain, elle s'était étonnée de leur discrétion. Leur réponse m'avait bouleversé : « On voit Frank à la télévision, on ne veut pas le déranger. » J'avais oublié que j'étais devenu champion du monde. Une barrière s'était élevée, me séparant de mon monde. Par respect, par timidité, mes vieux potes avaient pris leurs distances avec moi.

Cela fait partie des jours où je pourrais presque me plaindre d'être célèbre.

Et puis il y a d'autres jours où la célébrité m'est montée à la tête. Quelques épisodes dont j'ai aujourd'hui très honte. Il y a ainsi cette ouvreuse à Roland-Garros qui voulait m'infliger le même détour que le commun des mortels pour accéder aux tribunes. J'avais une circonstance atténuante et je la lui avais expliquée : je savais que je serais pris d'assaut si je suivais le même parcours que les autres, un détour de deux cents mètres pour franchir les dix mètres qui me séparaient de la porte. Elle ne voulait rien entendre : « Ce sont les ordres. » Je m'étais énervé : « Vous êtes super-conne, je vais vous faire virer. » Je ne l'aurais jamais fait et je n'aurais jamais dû le dire.

Il y a aussi ce préposé à la « mise au vert » des Champs-Élysées qui, dans la nuit du 22 mai 2010 surveillait la transformation de la plus belle avenue du monde en jardin géant, pour la première édition de « Nature Capitale ». Je me souviens de la date parce que c'est la première fois que j'ai embrassé celle qui allait devenir ma femme, cinq ans après mon divorce. J'habitais provisoirement sur les Champs-Élysées, il était presque minuit, nous étions sur le trottoir d'en face et traversions pour rentrer à la maison. Et voilà que cet homme nous interpelle, nous interdisant de franchir ces soixante-dix mètres, sous le prétexte que la voie devait rester dégagée pour les chariots chargés des plantes qui allaient être installées. Là aussi, j'essaye de négocier, j'indique l'immeuble où j'habite, je montre à cet homme qu'aucun chariot n'est en vue et que si j'en croise un en traversant l'avenue, je lui céderai évidemment le passage. Il s'obstine, je m'énerve, et j'ai cette phrase malheureuse: «Mais il ne sait pas qui je suis, ou quoi?» Et là, dans les yeux de ma future femme, que je n'avais pas encore embrassée, j'ai vu que j'avais été trop loin, même dans cette situation absurde. J'ai eu honte et j'en ai encore honte.

Je suis abasourdi quand je vois le nombre de personnes qui courent derrière leur quart d'heure de célébrité, qui sont prêtes à tout pour y accéder. Je l'ai eue, la célébrité. Et j'ai eu un intermède d'anonymat quand, en 2005, je me suis installé à Los Angeles pour un nouveau départ dans ma vie. Très peu me connaissaient, je devais même trouver des astuces pour entrer en boîte de nuit, je pouvais danser, je pouvais boire, je pouvais draguer (je venais de divorcer): je vivais enfin léger, j'étais heureux d'une innocence retrouvée. La course derrière la célébrité est le huitième péché capital...

Bien sûr, être reconnu dans la rue me fait plaisir. Je prends ce plaisir, mais je n'en ai pas besoin pour me nourrir : je ne le recherche pas et, même si je l'apprécie, il ne m'intéresse pas en soi.

Je vais être très sincère. Bien sûr, être reconnu dans la rue me fait plaisir. Je prends ce plaisir, mais je n'en ai pas besoin pour me nourrir: je ne le recherche pas et, même si je l'apprécie, il ne m'intéresse pas en soi.

Quand des journalistes m'appellent pour une interview, ils m'encouragent à accepter en précisant que «ce serait bon pour mon image». Ah bon? En mon for intérieur, je me demande ce que j'en ai à foutre de mon image. Je suis connu, je n'ai pas besoin d'être plus connu, c'est même un désavantage plus qu'un avantage! Je n'ai pas parcouru tout ce chemin pour être connu ni pour être riche. Cela ne rentre pas dans mes catégories d'appréciation.

Tous les matins, quand je sors de ma chambre et me dirige vers la cuisine pour me préparer un café, je passe devant l'étagère sur laquelle sont posées mes coupes: la Coupe du monde, la Coupe d'Europe... Il m'arrive de lancer à ma femme: «Voilà le champion du monde.» Et elle me répond systématiquement: «C'est ça, bravo, tu es le meilleur! Mais maintenant, fais-moi un café.» J'adore!

Je ne me prends pas la tête avec toutes ces histoires. D'une part, je ne suis pas sûr que l'on porte les bonnes personnes vers la célébrité. C'est là où j'incrimine les médias: pourquoi laissent-ils dans l'anonymat tous ceux-là qui réalisent de belles actions, qui œuvrent dans leur coin pour le bien du monde et résolvent des problèmes pour nous permettre de continuer à exister? C'est nous qui avons un problème! D'autre part, je suis conscient qu'un jour, tout cela va s'arrêter. Après tout, les gens célèbres, comme tous les autres, finissent sous terre.

Je vais être encore plus sincère: je ne voudrais pas de la vie de Michael Jackson ou du prince Harry. Je ne suis que Frank Lebœuf et cela me convient parfaitement.

À toi de jouer !

- Ne perds pas ton temps à courir derrière la célébrité, laisse-la venir en bonus si telle est ta voie.
- Tu es reconnu par ton cercle d'amis, par ton quartier, par ta ville, par ton pays ? Tu as ta part de célébrité ? Ne la laisse pas te monter à la tête. Le petit surplus de pouvoir que tu penses alors détenir risque de te mener à des excès qu'un jour, forcément, tu regretteras.
- Mais au fond, pourquoi as-tu besoin d'être célèbre, et auprès de qui ?

23
L'argent : ni but ni honte

Je jouais à Chelsea, je n'étais plus seulement une star internationale mais aussi champion du monde quand le magazine anglais *Hello Magazine* m'a consacré un long reportage illustré. Le photographe s'était déplacé chez moi. Mon intérieur était cossu, du marbre, une piscine, j'avais posé en costume-cravate entouré de celle qui était alors ma femme et de mes enfants. Rien d'étonnant pour la Grande-Bretagne.

Quelques semaines plus tard, quelques photos de ce reportage avaient été reprises, en France, par *Paris-Match*. J'ai rarement été noyé sous un flot aussi unanime de critiques émanant tant des médias généralistes et spécialisés que des amateurs (et des non-amateurs) de foot. Ils me reprochaient tous la même chose : avoir affiché ma vie (très) confortable. C'est-à-dire mon argent. Or, cet argent pour lequel j'ai été quasiment traîné dans la boue, je ne l'ai pas volé, je n'en ai pas hérité : j'ai travaillé dur pour le gagner. Je ne pense pas non plus avoir eu plus de chance que les autres : mon secret est d'avoir pris, dans ma vie professionnelle, les bonnes décisions, c'est-à-dire les décisions qui me faisaient plaisir.

Je n'ai pas eu une enfance miséreuse, je n'ai pas grandi dans une cité, je n'ai jamais été délinquant et j'ai même été très bon élève jusqu'en quatrième, toujours premier ou deuxième de ma classe – ce n'est qu'en troisième que les choses ont commencé à se compliquer parce que je n'avais pas l'habitude de travailler.

Mon père était entré dans la vie active à l'âge de 13 ans. Il était plombier-chauffagiste. À la force du poignet, il avait réussi à bâtir son entreprise puis à la faire prospérer. Il avait le goût du relationnel – et, bien sûr, du travail bien fait. Nous habitions un village mais avions une belle maison avec piscine, allions au ski en hiver et en vacances en été. Pour mes 14 ans, j'avais reçu un cyclomoteur. Nous n'étions pas riches, nous n'étions pas des privilégiés, cependant nous étions à l'aise.

Mon secret est d'avoir pris, dans ma vie professionnelle, les bonnes décisions, c'est-à-dire les décisions qui me faisaient plaisir.

Je connaissais la valeur de l'argent, mais j'ai toujours eu des valeurs qui dépassent celle de l'argent. À Meaux, malgré mon tout petit salaire, j'avais réussi à économiser quelques sous qui m'ont permis de m'installer à Laval et, un an plus tard, d'acheter un appartement en défiscalisation. Je savais d'emblée que ma carrière serait courte, comme celle de tous les sportifs, et qu'il me faudrait gagner rapidement des sous en prévision de mon après-carrière.

Quand je dis «rapidement», il faut savoir que tout est relatif. À mon époque, Michel Platini, qui était la star mondiale, gagnait, à la Juventus de Turin, 180000 francs par mois, l'équivalent de 27000 euros. C'était énorme pour un footballeur, mais on restait très loin des sommets que l'on atteint aujourd'hui dans le métier.

En France parler d'argent et, qui plus est, dévoiler son salaire, est tabou; afficher des signes extérieurs de richesse est suspect. Je n'ai, personnellement, aucune pudeur en ce domaine.

Pour ma deuxième année à Laval, mon salaire était passé à 15000 francs par mois: j'étais le roi du monde et je m'étais offert une Audi 90. Je ne pouvais pas imaginer une seule seconde qu'un an et demi plus tard, Strasbourg m'offrirait une somme encore plus mirobolante: 60000 francs. En 1996, Chelsea m'avait fait à son tour un pont en or qui me transportait d'un coup dans une autre dimension: 250000 francs nets par mois. Un salaire qui avait doublé l'année suivante, et doublé, une fois de plus, après la Coupe du monde de 1998: j'étais devenu une star mondiale et je gagnais presque un million de francs par mois.

Est-ce que c'est trop? Mais trop par rapport à quoi? Les clubs ne sont pas des associations de bienfaisance, et je n'ai jamais considéré avoir été surpayé: je faisais le job, j'étais bon, j'étais heureux et je donnais tout à mon public. Je répondais aussi à la loi élémentaire de l'offre et de la demande. On comprend facilement celle-ci quand elle s'applique à un objet, à un élément matériel: la rareté crée le prix. Un loft parisien avec une vue exceptionnelle ne se négocie pas au mètre carré: il est unique, plusieurs acheteurs potentiels le veulent, leur surenchère lui donne sa valeur qui peut atteindre des sommets astronomiques – jugés ridicules par certains, et peut-être n'ont-ils pas tort.

Il en va de même pour un footballeur. Il est, en quelque sorte, un produit, une marchandise. Et il a un avantage sur un loft ou sur une œuvre d'art : il peut rapporter beaucoup d'argent au club qui le « possède ». C'est aussi le cas, on le sait, pour les actrices et les acteurs : une tête d'affiche se paye des fortunes, mais elle remplit les salles. Or, pour une raison qui m'est inconnue, un cachet d'acteur scandalise beaucoup moins qu'un salaire de footballeur, même quand il est dix fois, cent fois plus élevé. C'est un peu comme si le football restait un art mineur, un amusement, l'histoire de quelques gars qui courent ensemble derrière un ballon… Ceux qui nous critiquent n'ont qu'à s'y essayer !

J'ai eu des salaires mirobolants, mais je n'ai pas eu de la chance : j'ai travaillé. Je ne suis pas un privilégié, je me suis créé mes propres privilèges en travaillant. J'ai fait mes preuves et j'ai mérité ce que j'ai gagné, rien ne m'a été offert. J'ai fonctionné toute ma vie à l'inverse de ce qui semble aujourd'hui un acquis pour beaucoup : ce que les Américains appellent « the instant gratification », la gratification immédiate que l'on estime due avant même d'avoir commencé. C'est du grand n'importe quoi !

Tu n'as rien ? Tant mieux ! C'est là que ton espoir doit naître. Quand tu n'as rien, tu te battras pour avoir mieux. Tu apprécieras d'autant plus ce que tu vas avoir que c'est forcément mieux que ce que tu as déjà.

Je ne suis pas un privilégié, je me suis créé mes propres privilèges en travaillant. J'ai fait mes preuves et j'ai mérité ce que j'ai gagné, rien ne m'a été offert.

Je suis véhément face à certains joueurs qui ont certes du talent, mais qui ne parlent que d'argent. Je suis véhément face à des clubs qui payent des dizaines de millions d'euros à des talents ayant à peine 20 ans et une quinzaine de matchs derrière eux. Personne n'ose leur conseiller d'attendre, de grandir, de mûrir. Et eux ne savent pas attendre. Leur réplique est prête à jaillir: «Sinon, je m'en vais!» Je ne suis pas passéiste, mais je regrette l'époque où, dans les vestiaires, les entraîneurs nous prenaient entre quatre yeux pour nous dire de la fermer, les anciens nous recadraient sur le mode «tu te prends pour qui?». Ces recadrages seraient aujourd'hui considérés comme autant d'actes de violence. C'est sans doute pourquoi, dans les vestiaires, c'est désormais chacun pour soi, chacun qui s'en lave les mains. C'est notre monde qui devient fou.

«Mérite», «effort» sont presque devenus des gros mots. C'est pourtant grâce à ces mots, grâce à ces bases que j'ai réussi dans ma vie. Or, je n'ai pas seulement pris du temps, j'ai même pris beaucoup de retard! Quand j'ai rejoint la première division, les joueurs de ma génération, les Didier Deschamps, Marcel Desailly, ou Youri Djorkaeff se préparaient à passer en équipe de France où je les ai rejoints à l'âge de 26 ans. J'étais trop vieux, a-t-on dit à l'époque. J'ai néanmoins passé sept ans chez les Bleus.

J'ai toujours pensé passion, je n'ai jamais pensé argent. Sauf vers la fin de ma carrière. Et comme je ne suis pas un menteur, je ne m'en suis pas caché, y compris auprès des journalistes, y compris auprès du club que j'ai alors rejoint en tant que capitaine de l'équipe. Que veux-tu, on ne change pas un «100 % pur bœuf»...

J'étais capitaine de l'OM quand le Qatar a fait appel à moi pour renforcer le club de l'émirat, Al-Saad. Après Strasbourg, après Chelsea, après Marseille, je suis honnête, on ne va pas à Doha pour le foot, mais pour les millions.

Pour autant, je n'ai pas négligé mon boulot, loin de là ! Je ne pouvais pas me le permettre: d'autres grands joueurs, dont Marcel Desailly, Gabriel Batistuta, Fernando Hierro,

Christophe Dugarry, avaient eux aussi rejoint des clubs qataris.

Je devais rester une année, j'y ai passé deux ans. La première saison, Al-Saad a été invaincu, à l'exception du seul match auquel je n'ai pas participé : j'étais en France pour les obsèques de mon père. À la deuxième saison, un match au Koweït, avec un club koweïtien, avait dérapé, se transformant en bataille généralisée entre joueurs à laquelle les tribunes avaient participé en nous bombardant de canettes de soda et de chaussures. J'entends encore le prince héritier du Qatar qui me criait de loin : « Frank, arrête tout ça ! » Mais je n'y pouvais rien : il était trop tard pour intervenir. La police fut appelée en renfort, et les deux clubs en ont été quittes pour une suspension de la Champion's League : trois ans pour notre club et cinq ans pour le club koweïtien.

J'ai quand même mené la belle vie au Qatar. Je me considère comme un citoyen du monde et, à ce titre, je m'adapte aux règles du monde qui m'accueille. J'ai donc commencé par observer et me renseigner avant de prendre mes marques.

L'équipe du club était composée de Qataris, à l'exception de trois joueurs, dont moi, et de l'entraîneur qui était irakien. Je m'étais donc plié à la règle : nous commencions l'échauffement à la tombée de la nuit (le match se jouant en début de soirée), mais nous l'interrompions pour la prière, à l'appel du muezzin. Je restais alors à l'écart en attendant le retour de mes joueurs.

Ces joueurs étaient très religieux, mais ils savaient plaisanter. Nous avions même notre petit rituel avant les matchs quand, avant de quitter les vestiaires, je leur lançais « On va gagner » et qu'ils me répondaient « Inch'Allah ». Ils attendaient la suite et elle ne manquait pas de venir : « Non les gars, je vous assure, sur ce coup, Allah n'y est pour rien, surtout que dans les vestiaires d'à côté, ils font pareil. Allah sera bien embêté pour choisir, donc il faut y aller ! » Ils sortaient de là en rigolant.

Ma vie était parfaitement réglée et elle n'était pas désagréable. Le matin, c'était une partie de golf avec d'autres joueurs expatriés, ou bien une sortie en bateau avec les enfants, ou alors la plage au Diplomatic Club. Après le déjeuner, je m'offrais ma sieste, un pilier de mon existence. Puis j'aidais les enfants à terminer leurs devoirs et j'allais m'entraîner pendant deux heures au club. J'ai également visité la région au gré de nos matchs : l'Égypte, Oman où j'ai assisté à une chasse au thon par plus de 250 dauphins, Dubaï, Bahreïn, j'ai été dans le plus vieux souk au monde en Syrie…

Certes, il y avait cette pubalgie, une douleur du bas-ventre d'origine micro-traumatique, fréquente chez les footballeurs professionnels, qui me pourchassait et que j'ai combattue non pas avec des médecins, mais avec un entraîneur physique anglais. Il y avait aussi, sur un plan personnel, mon couple qui battait de l'aile. Enfin, il y a eu mon ras-le-bol : j'avais 37 ans, je terminais ma dix-septième année de football professionnel, dont dix ans durant lesquels, partagé entre mon club et l'équipe de France, je m'octroyais, dans le meilleur des cas, une quinzaine de jours de vacances par an. C'était, pour moi, de plus en plus éprouvant.

Il y avait bien plus important que l'argent : ma vie.

J'ai donc dit non à la troisième saison que me proposait le Qatar. J'ai également dit non à une proposition encore plus mirobolante, une année à six millions de dollars nets d'impôts, que m'offrait l'Arabie saoudite.

Il y avait bien plus important que l'argent : ma vie.

À toi de jouer !

- Quoi qu'on t'en dise, l'argent n'est pas honteux. À condition de ne pas en faire le but de ta vie : c'est toi qui en payerais le prix.
- Prends garde à la gratification immédiate. Réfléchis sur le long terme, c'est ta vie qui est en jeu.
- Ne pas être payé à son juste prix est une injustice. Qu'est-ce que le juste prix ? Il répond tout simplement à la loi de l'offre et de la demande.

24
La récompense

On pourrait résumer le cours de la vie en une formule : il y a un temps pour apprendre, un temps pour travailler et un temps pour apprécier. Cet ordre peut difficilement être interverti. De ce fait, le challenge ne consiste pas à brûler les étapes, mais à parvenir à la dernière étape. Mon père ne l'a pas atteinte. Il n'a pas eu le temps de se reposer. Il s'est arrêté à l'étape « travailler » et il est mort à 60 ans, sans doute victime de tout l'amiante auquel il a été exposé et qu'il a respiré à pleins poumons au cours de sa carrière de plombier-chauffagiste.

Moi, je suis à présent à cette dernière étape, celle qui consiste à apprécier. Et c'est extraordinaire. Je ne sais pas qui il me faudrait remercier, mais j'ai tendance à penser que c'est d'abord moi qui en ai le mérite. J'ai exactement ce que je voulais. Enfin, presque : comme pour tout le monde, la Covid-19 a tout de même chamboulé quelques plans de vacances de rêve qui ont fini à la maison, mais ce n'était que partie remise.

Parce que j'ai vécu des années difficiles, je peux pleinement apprécier ma vie actuelle. Je sais ce que signifie manquer, être dans un tunnel et ne pas en voir le bout, trimer, en somme survivre. Ce pain noir m'a forgé un caractère à toute épreuve, et surtout la capacité de réaliser ma chance de vivre aujourd'hui un quotidien de pain blanc – avec quelques pains au chocolat et des croissants en plus. Je me suis donné les moyens de réussir parce que j'ai cru en moi, j'ai cru que c'était possible. Toi aussi, ne lâche rien !

Par mon acharnement, et non du fait d'une quelconque chance, je me suis construit la vie que je voulais. J'avais, d'emblée, une exigence : fuir la routine du métro-boulot-dodo et des transports en heure de pointe. Par ailleurs, je n'ai jamais aimé me lever tôt, je suis de la nuit. J'y ai été contraint quand j'allais à l'école puis au centre de formation. J'ai récidivé quand j'accompagnais mes propres enfants à l'école, mais déjà, je m'étais mis à une autre routine à laquelle je ne déroge pas : la sieste. Une vraie sieste d'une heure et demie quand j'étais footballeur, d'une vingtaine de minutes aujourd'hui. Un bonheur…

Avant d'atteindre l'âge d'apprécier, je ne m'étais jamais vraiment laissé vivre : toute mon existence était dédiée au football. En semaine, on s'entraînait dur. Le samedi, nous avions généralement un match. Le dimanche, j'étais encore dopé à l'adrénaline du jeu. Le lundi, j'étais mort ; je n'appréciais pas la journée de repos, je glandais, affalé devant la télévision. Mon corps en avait besoin pour récupérer et reprendre le cycle le mardi.

Aujourd'hui, je peux enfin prendre mon temps : c'est le Graal de la vie. Je ne cours plus, je m'accorde le droit de me détendre, de respirer, de me plonger dans un livre, de profiter de mon existence, d'aller en vacances, de voir mes petits-enfants, d'être amoureux de ma femme, de me promener dans la nature, de regarder les arbres, les oiseaux, tout ce que l'on n'a pas le temps de faire quand on fonce, quand on bosse. Mais je ne suis pas pour autant un retraité et je ne sais pas si je le serai un jour : il me reste tant de projets à réaliser, tant de petits bouquets de fleurs qui m'attendent !

Je conserve des liens avec les clubs où j'ai grandi. Je ne garde pas rancune aux supporters de Strasbourg qui m'avaient sifflé quand j'avais joué sur leur terrain en tant que capitaine de l'Olympique de Marseille. J'y suis revenu après avoir mis fin à ma carrière, je les adore et ils m'adorent. Mais mon vrai club reste Chelsea qui m'a permis de devenir une star internationale, de gagner aussi bien ma vie que des trophées et du respect. N'étant pas un amoureux aveugle, je les ai vus aller tout en haut, puis redescendre à un niveau qui ne peut être celui que je désire pour ce grand club, et je peux être dur avec eux quand j'analyse leurs matchs sur ESPN, car je suis toujours en demande d'exigence. Tu as le droit de perdre, mais tu n'as pas le droit de ne pas tout donner…

Tu as le droit de perdre, mais tu n'as pas le droit de ne pas tout donner…

Est-ce que j'aurai encore envie, dans deux ou trois ans, d'analyser des matchs de foot ? Est-ce que je ferai plus de théâtre, plus de production ? Est-ce que je réussirai à gagner des élections locales ? Ou bien à monter un élevage de chiens et de chats ? Je suis fou des animaux, et ma récompense est aussi de passer du temps avec mes « poilus » puis, quand je suis loin d'eux, de regarder leurs vidéos emmagasinées sur mon smartphone.

Je n'ai pas besoin d'avoir un agenda surchargé pour me sentir exister. Je ne comprends pas ceux qui ont fait fortune et qui, arrivé le temps de la récompense, continuent, de 8 heures à 22 heures, à courir derrière des millions supplémentaires. Ou bien c'est moi qui n'ai rien compris à la vie ?

Et puis je m'occupe de moi. Certes, en tant que sportif professionnel, j'ai toujours appris à soigner la Formule 1 qui me servait de corps et qui était mon outil de travail. En réalité, je ne faisais que récupérer entre les matchs et les entraînements. Mais j'aimais tellement ça…

Désormais, je suis entré dans une autre dimension que certains appelleront futile mais que je considère largement méritée. Et puis, l'image que l'on donne de soi n'est-elle pas aussi une marque du respect que nous devons aux autres ? J'hydrate la peau de mon corps, de mon visage, de mes mains plusieurs fois par jour, je me parfume après mes deux ou trois douches quotidiennes, je traque jusqu'aux poils de mon nez, j'assortis mes montres et mes bracelets de perles à mon look. Et alors ? Ce n'est pas un crime de faire attention à soi. D'ailleurs, n'attends surtout pas le temps de la récompense pour t'y mettre à ton tour !

L'autre jour, pendant mes quarante-cinq minutes de marche rapide quotidienne, j'ai réalisé que je n'avais pas encore pleinement pris conscience d'une chose extraordinaire : j'ai été champion du monde. En fait, je suis champion du monde : on ne l'est jamais au passé. Certes, il vaut mieux ne pas se le répéter en permanence au risque de finir avec un ego inutilement surdimensionné. Néanmoins, il est bon de ne pas l'oublier : c'est une armure particulièrement utile.

Toi aussi, tu es certainement un champion. Une fois ou l'autre dans ta vie, tu as excellé et suscité l'admiration. Cet épisode-là, ne l'oublie pas. Quand tu reçois des critiques injustifiées, quand l'autre te parle mal ou quand il dit du mal de toi, il sait, au fond, ce dont tu es capable. Ces paroles ne dissimulent-elles pas sa jalousie ? Tu devrais, et j'apprends moi aussi à le faire, refuser de te placer au niveau de ces personnes. Elles ne le méritent pas. Ne rentre pas immédiatement au contact : souvent, il vaut mieux laisser tomber.

Le pain noir, dont je t'ai déjà beaucoup parlé, te servira de référence. Il sera ton curseur quand tu auras une petite emmerde. Cette emmerde, ces paroles, bouleversent-elles fondamentalement ta vie ? Souviens-toi du pain vraiment noir que tu as connu et prends la bonne mesure de ce qui advient à cet instant et qui, finalement, n'est pas si important.

Surtout, profite de la récompense…

À toi de jouer !

- Il y a des temps dans la vie. Ne les bouscule pas, c'est inutile : la règle du jeu de l'existence consiste à les vivre pleinement, l'un après l'autre.
- Le temps d'apprécier se mérite. J'ai travaillé pour qu'il advienne. Et c'est le Graal…
- La récompense est précieuse. Veille à la préserver grâce au curseur du pain noir et du pain blanc.

25
Dommage que ça finisse…

Je pense beaucoup à ma mort. Énormément, surtout depuis que j'ai franchi le cap de la cinquantaine. J'en ai de moins en moins peur. Je suppose que ça va aller très vite, aussi vite qu'une anesthésie générale, quand on te demande de compter jusqu'à cinq et que tu n'y arrives pas : à trois, tu es déjà parti. En un clin d'œil, tout sera fini. Pour cette raison, je me répète chaque matin : « Essaye d'être heureux. » Ce qui signifie d'abord et avant tout, « essaye de continuer à vivre », d'être encore là ce soir. Si on pensait tous les jours à sa mort, on ferait peut-être moins chier le monde pendant sa vie…

À vrai dire, je n'ai pas envie que ma vie s'arrête. J'ai une vie extraordinaire, ou plutôt je me la suis rendue extraordinaire, et j'aimerais bien qu'elle se poursuive encore un peu.

Je suis agnostique, donc je crois quelque part en Dieu, mais je ne sais pas en quel Dieu. Je ne lui parle pas très souvent. Nous avons un moment essentiel de dialogue : quand je prends l'avion. Il s'agit surtout d'un monologue : Dieu ne m'a jamais directement répondu.

Mais je persiste : au décollage, quand il y a des secousses et que je me dis qu'il est trop tôt pour que tout finisse, je le prie à ma manière. Je lui parle ainsi, avec beaucoup de respect :

« Dieu. D'abord, je voudrais te féliciter. Cela ne doit pas être facile tous les jours pour toi avec tous les cons qu'il y a sur cette Terre. Tu as tout fait pour que l'on soit heureux, mais là, bravo les humains, ils ont tout envoyé balader. Et en plus ils te sollicitent tout le temps. Je trouve que tu as vraiment du caractère. Bravo pour tout ! J'ai juste un petit truc à te demander : nous venons de décoller, fais en sorte que nous atterrissions. Ce serait vraiment sympa parce qu'il me reste un peu de boulot à terminer, ma maison de vacances que j'aimerais bien voir achevée, mes enfants qui sont grands mais qui risquent d'avoir encore besoin de moi, mon petit-fils Elon-James que je suis curieux de voir majeur. Je te remercie d'avance ! »

J'ai encore une pensée pour lui après l'atterrissage. Je suis poli et je n'oublie jamais de le remercier : « Top, mec ! »

Je reconnais que je ne suis pas toujours très poli avec lui. Il n'y a pas si longtemps, j'ai perdu, coup sur coup, mes deux chiens. Deux merveilleux beaucerons. L'un après l'autre, je les ai accompagnés chez le vétérinaire. Je les ai serrés dans mes bras et je leur ai fait un dernier bisou avant l'injection. J'ai pleuré. Et à chaque fois, en ressortant, j'ai regardé le ciel et j'ai parlé à Dieu : « Mais putain, pourquoi tu as fait ça ? » Je lui en ai voulu.

Je lui en veux encore quand je regarde ma petite chienne qui vivra quatorze ou quinze ans avant de partir à son tour, quand je joue avec celui de mes trois chats qui a déjà 12 ans. Je recevrai encore des coups de poignard…

Mes dialogues avec Dieu, qui qu'il soit, ne vont pas

plus loin. Je ne lui ai jamais parlé quand je m'arrête devant un monument ou un paysage et que mon cœur se serre parce qu'un jour je ne les verrai plus : la tour Eiffel et l'avenue Montaigne à Paris, les plages des Seychelles, la statue de la Liberté à New York… Et puis tous les êtres que j'aime et que je ne pourrai plus continuer à aimer. C'est dommage, non ?

Il y a aussi ce point d'interrogation : qu'y a-t-il après ? Et s'il n'y a rien après, à quoi sert d'avoir passé tant de temps, d'avoir dépensé tant d'énergie à apprendre tout ce que l'on a appris ? À lire, à écrire, à bien se tenir, à être poli, à réfléchir, à marquer un but… Et boum ! Cela n'a d'un coup plus aucune utilité ? Alors, pourquoi ? Je n'ai tout de même pas réalisé tous ces efforts pour rien du tout !

J'ai choisi de vivre et de jouir de chaque instant de ma vie, y compris des instants pétris dans le pain noir.

Faute de réponse, j'ai choisi de vivre et de jouir de chaque instant de ma vie, y compris des instants pétris dans le pain noir.

J'ai choisi de partager, de donner, comme ces dix euros tendus l'autre jour à une inconnue qui n'avait pas de quoi payer à la caisse du supermarché. Bon, elle a empoché la monnaie, mais qu'importe : mon geste était très égoïste, il m'a fait du bien.

J'ai choisi de dire non à l'injustice, à ma mesure, par exemple en refusant de sous-payer les acteurs des pièces que je produis et en les payant, au contraire, un peu au-dessus du prix. Je n'en suis pas plus pauvre, j'en suis plus heureux. C'est ainsi que j'essaye, à chaque moment, d'être heureux.

J'ai choisi, toujours à ma mesure, de faire attention à la planète que je vais léguer à mes enfants et à mes petits-enfants. Je ne fais pas grand-chose : je trie et j'engueule ceux qui balancent leurs ordures n'importe où. Il est vrai que j'ai une belle voiture et que je prends l'avion pour aller en vacances, mais nul n'est parfait, et si chacun adopte de tout petits gestes qui font du bien, au moins, notre planète, elle, ne mourra pas tout de suite.

Et puis un jour, c'est la vie, je partirai…

À toi de jouer !

- Profite et jouis de chaque instant de ta vie. Tu ne sais pas quand elle s'arrêtera ni quand tout sera fini.
- Profiter de la vie ne signifie pas profiter des autres. C'est grâce à eux que tu sauras être heureux.
- Apporte ta petite part : elle est énorme.

26
Pour moi, ce sera sans regrets

J'ai sans doute une bonne nature : je n'ai jamais été dans les « j'aurais pu » et les « j'aurais dû ». J'ai fait ce que je suis, et ce qui a été n'a découlé que de mes choix, mes contre-choix, les décisions que j'ai prises et celles qui ont été prises contre moi, avec des obligations, des événements dont il a fallu tenir compte. Je n'ai pas à en rougir. Et surtout, je sais au fond de moi que j'avais certes toute ma liberté de choix, mais que je n'aurais pas pu faire autrement. « J'aurais dû » et « j'aurais pu » ne sont que des illusions que l'on se donne. Je ne me raconte pas d'histoires, je me contente de dresser un constat.

Je ne vais pas regretter de ne pas avoir rejoint le Real Madrid qui m'avait demandé en 1999. Je suis resté à Chelsea où j'ai vécu une belle aventure avec ses hauts et ses bas mais dont je ne retiens plus que les hauts.

Je ne vais pas regretter d'avoir rejoint Marseille en 2001 : mon père était malade et avait besoin de moi. J'ai donc accepté de diviser mon salaire par quatre, j'ai vu, en deux ans, se succéder trois présidents et cinq entraîneurs, et j'ai passé des soirées au commissariat pour une obscure affaire de transfert de joueurs qui dépassait le capitaine d'équipe que j'étais et qui m'a coûté 40 000 francs en frais d'avocat avant de réussir à me disculper. Mais, footballistiquement, c'était intéressant. On m'avait ri au nez quand, à mon arrivée, j'avais annoncé en conférence de presse que j'étais là pour remettre Marseille, qui était presque relégable, en Champion's League. Deux ans plus tard, nous étions qualifiés pour la Coupe d'Europe.

Je ne vais pas non plus regretter cet OM-PSG où j'ai commis une bêtise : une longue balle ratée qui est allée sous les pieds de Ronaldinho, lequel a évidemment marqué et nous a fait perdre le match. J'ai été raillé et j'ai passé une mauvaise nuit parce que j'avais déçu nos supporters. Deux jours plus tard, c'était passé. Mais tous les grands joueurs ont commis des bêtises ! La seule solution pour ne pas en commettre est... de ne pas jouer.

Or, je ne regrette pas un seul instant d'être allé jusqu'au bout de ma passion et d'avoir joué.

J'ai pris des baffes et j'ai eu des joies. J'aurais pu grimper beaucoup plus haut mais je ne l'ai pas voulu. Je connaissais la recette : le travail. Elle a, depuis, été formalisée par un psychologue suédois, Anders Ericsson, et par un neuroscientifique américano-canadien, Daniel Levitin, qui ont « étudié » toutes sortes de champions : des musiciens, des sportifs, des écrivains, des entrepreneurs, des managers... Et, comme l'écrit Levitin : « Toutes disciplines confondues, on peut conclure que 10 000 heures de pratique sont nécessaires pour atteindre

J'ai pris des baffes et j'ai eu des joies. J'aurais pu grimper beaucoup plus haut mais je ne l'ai pas voulu. Je connaissais la recette : le travail.

un niveau de maîtrise de classe mondiale. Il semble que le cerveau ait besoin de ce temps pour assimiler tout ce qu'il a besoin de savoir afin d'acquérir la maestria dans son domaine.»

J'ai certainement dépassé les 10000 heures de football. J'ai travaillé les bases, la technique, jusqu'à ce qu'elles deviennent ma deuxième nature. J'aurais pu, comme d'autres joueurs stars, dépasser les 20000 heures. Arriver à l'entraînement une heure avant tout le monde. Ne pas me contenter d'une demi-heure de passes et de contrôle contre un mur, mais doubler ou tripler la mise. Je ne l'ai pas fait parce que j'avais autre chose à faire. J'ai consacré toute ma vie, moins un petit pourcentage, au football. Et ce petit pourcentage, lui non plus, je ne le regrette absolument pas.

Je tourne facilement la page. Je ne regarde pas les matchs ni les films dans lesquels j'ai joué. Je reçois parfois des extraits: un but extraordinaire, une action qui a marqué, et je reconnais que j'en suis ému. Cependant, il faudra que je révise cette règle et que je revoie d'anciens matchs pour rafraîchir ma mémoire de consultant. J'ai l'impression que le jeu que j'ai connu était plus direct, plus dangereux, plus costaud, plus méchant. Et que le jeu d'aujourd'hui est plus aseptisé. Nous n'étions pas les machines de guerre d'aujourd'hui, nous n'avions pas le même niveau de préparation et n'étions pas bardés de capteurs, mais nous faisions quand même de belles choses! Je pense que j'aurais pu être une bonne machine de guerre, moi aussi.

Je suis sans doute «à l'ancienne», mais je ne le regrette pas non plus. Aujourd'hui, en tant que producteur et comédien, c'est ce qui me permet de me démarquer de la multitude de pièces de théâtre qui sont partout proposées. J'ai pris mon parti: la comédie d'hier. Celle à laquelle tu assistes pour mourir de rire. Je suis là pour le public et pas pour les médias, je suis là pour me faire plaisir et plaire aux spectateurs. D'ailleurs, autant le savoir : le jour où je m'emmerderai sur scène, j'arrêterai.

L'un de mes regrets est le temps perdu à écouter les plaintes. Mais de quoi te plains-tu ? Tant que tu courberas l'échine, tu ne pourras pas lever la tête et voir tous les possibles qui s'offrent à toi. Rien n'a été facile pour moi : j'ai dû me battre, j'ai dû m'accrocher, j'ai dû endurer parce que je ne voulais pas accepter la destinée que l'on me donnait et parce que je voulais forger ma propre destinée. Ne baisse pas la tête, rebelle-toi pour ne pas avoir de regrets. Ce que l'on te donne n'est pas ce que tu veux ? Alors poursuis ta route jusqu'à obtenir ce que tu veux. Ne laisse pas le moindre rocher te bloquer, accepte de franchir des fossés, de tomber parfois en sachant que tu te relèveras.

Poursuis ta route jusqu'à obtenir ce que tu veux. Ne laisse pas le moindre rocher te bloquer, accepte de franchir des fossés, de tomber parfois en sachant que tu te relèveras.

Sois jusqu'au-boutiste, sois anarchiste, cherche ton nirvana, cherche ton plaisir avec un tout petit peu d'égoïsme, mais sans marcher sur les plates-bandes des autres. Tu auras des revers, tu affronteras la concurrence, on dira que tu es nul et on te demandera de dégager.

Rebelle-toi pour apporter une solution à ton problème et sachant que ces solutions existent mais qu'il te faut les chercher et que tu en as les capacités. Oui, ce n'est pas facile. Et alors ? Quelle serait ta fierté, quel serait ton mérite si tout t'était donné d'avance ? Ta vie serait bien ennuyeuse…

À toi de jouer !

- Les regrets ne servent à rien : ce qui est fait est fait. Ne perds pas ton temps et poursuis ton chemin.
- Tu vas prendre des baffes et tu auras des joies. C'est normal, c'est la vie. Ne laisse ni les unes ni les autres dévier ta trajectoire. Ton étoile du Nord est ta passion.
- Ne courbe pas l'échine, tu ne pourras plus lever la tête pour voir l'horizon. Apprends plutôt à dire : « Non merci, ce n'est pas pour moi. »

À PROPOS DE L'AUTEUR

Il a fait vibrer la France en 1998 en remportant la Coupe du monde de football. On le connaît champion international avec 10 titres en dix-sept ans de carrière, défenseur et en même temps buteur de haut vol – il a plus de 110 buts au compteur. Ce que l'on sait moins, c'est qu'au départ bien peu misaient sur lui. Frank Lebœuf est un cas à part dans l'univers du sport de très haut niveau. Touche-à-tout, curieux de tout, il s'est battu pour n'être jamais enfermé dans une case. Quand une porte se refermait, il en ouvrait une autre. Il a réussi parce qu'il y a cru. Parce qu'il a cru en lui. Parce qu'il a refusé de se résigner face aux préjugés. C'est le fruit de cette expérience qu'il transmet aujourd'hui. Depuis qu'il a raccroché ses crampons, Frank Lebœuf mène une double carrière de comédien et de consultant sportif, notamment sur ESPN.

pca cmb
édition pré-presse
livres numériques

44400 Rezé

Achevé d'imprimer en juillet 2021
sur les presses de la Nouvelle Imprimerie Laballery
58500 Clamecy
Dépôt légal : juillet 2021
N° d'impression : 107199

Imprimé en France

La Nouvelle Imprimerie Laballery est titulaire de la marque Imprim'Vert®